T0017228

EL PRÍNCIPE

QUE NO QUERÍA
SALIR DE SU

CASTILLO

HANS MÜLLER

EL PRÍNCIPE
QUE NO QUERÍA
SALIR DE SU
CASTILLO

KEPLER

Argentina – Chile – Colombia – España
Estados Unidos – México – Perú – Uruguay

1.ª edición Julio 2023

Copyright © 2023 by Hans Müller
All Rights Reserved
© 2023 *by* Urano World Spain, S.A.U.
Plaza de los Reyes Magos, 8, piso 1.º C y D – 28007 Madrid
www.edicioneskepler.com

ISBN: 978-84-16344-16-1
E-ISBN: 978-84-16990-96-2
Depósito legal: B-9.694-2023

Impreso por: Rodesa, S.A. – Polígono Industrial San Miguel
Parcelas E7-E8 – 31132 Villatuerta (Navarra)

Impreso en España – *Printed in Spain*

Índice

1

Todo principio...

É rase una vez un reino tan lejano y pequeño que no aparecía en ningún mapa a pesar de que todos habían oído hablar de él y algunos afortunados incluso lo habían visitado.

En tiempos pasados, sus habitantes habían sido envidiados por todos sus vecinos, pues en sus tierras crecían cereales dorados como si fueran pedacitos de sol y frutas dulces como azúcar pura, en las profundidades se escondían piedras preciosas y, en los lagos, toda clase de peces. Algunos sabios aseguraban que ese reino se alzaba sobre los restos del primer paraíso, ya olvidado por la frágil memoria de la humanidad.

Los que allí nacían llevaban una vida tranquila y feliz, gobernados por un rey justo y con buen ojo para los negocios, capaz de convertir todos aquellos regalos de la Naturaleza en riquezas que compartía con su pueblo. Se llamaba Ludovico y se había casado con una mujer tan bella como bondadosa que le había dado tres hijos varones.

Sin embargo, dicen que todo lo que tiene un principio también tiene un final y, de la noche a la mañana, la suerte de todos cambió sin que nadie se explicara el motivo.

Las ancianas del lugar creían recordar que todo había empezado con la enfermedad de la reina: una niebla de melancolía había cubierto sus ojos y contagió a todo aquello que miraba. Pasaba las horas sola, silenciosa, en un pequeño jardín. A los pocos días, todas las rosas se marchitaron. Tras las rosas, las margaritas, las gardenias e incluso el romero y la hiedra. Los peces del estanque murieron uno a uno y su perro se pasaba las noches aullando. Después, los campos que rodeaban el palacio dejaron de dar frutos y, poco a poco, el resto de los campos del reino también se quedaron yermos. Un amanecer, los ojos de la reina dejaron de mirar…

Los ancianos, por su parte, decían que eso no eran más que cuentos: «Fue la envidia de los otros reyes lo que provocó nuestra desgracia. No pudieron soportar que nuestro rey Ludovico fuera tan afortunado y que, además, compartiera con nosotros su suerte». Quizás esos reyes envidiosos habían contratado los servicios de algún brujo para que atrajera la muerte hasta su reino... «Primero, el príncipe heredero pereció en tierras extrañas cuando había ido hasta allí para luchar contra gigantes desalmados que asolaban los campos y los pueblos, atemorizaban a la población y hacían peligrar las propias fronteras de su reino», recordaban. El chico había muerto de una manera horrenda y jamás recuperaron su cuerpo.

Los más jóvenes relataban la muerte del segundo de los hijos de Ludovico como el momento en que todo se había torcido. El príncipe, un chico campechano y alegre a quien, además de trabajar, le gustaba festejar, había sido asesinado por un supuesto amigo en una de las fiestas de carnaval.

En aquellos momentos, el carnaval representaba más de una semana de festejos, con músicos y bailarinas que llegaban de imperios exóticos, grandes banquetes con exquisiteces irrepetibles, los mejores licores de las mejores bodegas, desfiles de carrozas y briosos caballos, bailes de máscaras y torneos de valientes caballeros... Se suspendían las clases en la escuela, a los trabajadores artesanos se les reducía la jornada y a los campesinos se les permitía no trabajar más que un par de días... Todos eran felices. O al menos lo parecían.

Nadie podía entender por qué aquel amigo, uno de los mejores y más fieles del segundo príncipe, había cometido el crimen. Y nadie pudo preguntárselo porque el asesino se había lanzado por los acantilados al ver que lo perseguía el ejército del reino para apresarlo. O quizá lo perseguían el arrepentimiento y el dolor al ser consciente de lo que había hecho.

En pocos meses, el tercer hijo del rey se había quedado huérfano de madre y sin hermanos mayores.

Tras aquello, el príncipe Estanislao, que así se llamaba, había perdido interés por todo lo que le rodeaba y se había encerrado en lo más recóndito del castillo. Ni siquiera sus mayordomos y doncellas conseguían verlo más que una o dos veces por semana. La comida se pasaba horas servida sin que él acudiera a probarla y la ropa, almidonada, quedaba olvidada días enteros en los percheros...

El rey Ludovico, aconsejado por los mejores médicos, aceptó que aquel desvarío era producto de la tristeza y el dolor de tanta muerte. Su joven hijo, crecido entre algodones, un espíritu tierno al que sus hermanos habían protegido y su madre consentido, necesitaba un poco de tiempo para reponerse. Y él, siempre paciente, decidió concedérselo.

Sin embargo, el pueblo no podía esperar y, a pesar de que los reinos amigos ayudaron al rey Ludovico como pudieron, la enfermedad y el hambre empezaron a aparecer tímidamente, acorralando la abundancia en la que siempre habían vivido. La pena se adueñó de los ciudadanos, que no estaban acostumbrados a tener que contar los gramos de harina que usaban para hacer el pan. Las puertas y ventanas de las casas se cerraban, los niños cada vez jugaban menos en la calle y hasta los gatos y perros se paseaban en contadas ocasiones. La belleza de las plazas y los jardines se fue marchitando, la felicidad se diluía con la lluvia...

Entonces, el rey Ludovico, a pesar de ser ya anciano, decidió salir en caravana con los mejores mercaderes y ministros para tejer nuevas alianzas comerciales. Llevaban piedras preciosas, lujosas obras de artesanía, telas bordadas con hilo de oro... Lo mejor de lo que tenían para poder intercambiarlo por otros productos más necesarios y urgentes para afrontar el largo invierno que se acercaba.

El pueblo recuperó momentáneamente la ilusión perdida. Conscientes del esfuerzo que su gobernante hacía, cada uno contribuyó como pudo a la importante misión: el herrero revisó los cascos a todas las monturas con una energía que ya creía perdida, la panadera preparó kilos de pan con la mejor harina para los viajeros y los niños ayudaron a recoger frutas que sus madres metieron en conserva.

El monarca y todo el séquito emprendieron el viaje, felices, reconfortados y orgullosos, conscientes de la importancia de su misión y del agradecimiento de los suyos. El día de su partida, familias enteras los despidieron con los ojos llenos de esperanza.

Sin embargo, tras cruzar bosques, subir montañas y descender barrancos, en el más profundo y oscuro de estos, fueron asaltados por un grupo de hombres que hablaban en una lengua extraña e iban vestidos con pieles de animales salvajes. Por semanas, los retuvieron y los obligaron a vivir en húmedas y escondidas cuevas como animales, sin ninguna higiene ni cuidado y sin que ninguno de los soldados que salieron en su búsqueda pudiera encontrarlos.

El rey Ludovico y varios de sus mercaderes enfermaron con extrañas fiebres que los hacían delirar a gritos y fueron perdiendo peso hasta que las costillas amenazaron con romper su piel y sus ojos, con salirse de las cuencas. Incapaces de dormir, deambulaban por la cueva día y noche. Ante aquella visión casi fantasmal, los hombres de largas y enmarañadas melenas, que hasta entonces se habían mostrado tan agresivos como lobos enfadados, se asustaron como corderitos recién nacidos y, en una reunión de clan, decidieron que lo mejor era deshacerse de aquellos rehenes que ya no servían para trabajar ni para cobrar un rescate por ellos. ¿Cuánto podían valer en aquel estado? O, lo que era peor, ¿y si aquello que tenían era contagioso y todos empezaban a enfermar?

Así pues, una noche, los ataron a sus caballos, a los que azuzaron e hicieron correr en dirección contraria a su país. Los animales, que se encontraban en mejor estado que sus amos, recordaban perfectamente el camino hacia casa y, ni cortos ni perezosos, sin pararse a descansar apenas, volaron por bosques, montañas y barrancos de nuevo hacia su hogar.

Al atardecer, el soldado que hacía vigilancia de la muralla del castillo creyó enloquecer al ver acercarse al galope todo aquel ejército de espíritus. Tardó unos minutos en reconocer entre ellos a su amado rey, al primer ministro o al mercader de la plaza principal; sin embargo, conforme se iban acercando, distinguía la casaca de uno, el sombrero de otro… Dio la voz de alarma y, pronto, todos los habitantes del reino salieron a las calles para recibir a su monarca y cortejo. Los más pequeños se escondían tras las faldas de sus madres, las madres se agarraban del brazo de sus maridos y estos trataban de animarse unos a otros con la mirada.

¿Qué le había pasado a su rey? ¿Quién había sido capaz de tratar así a un hombre tan compasivo y noble como él?

El pueblo sabía de la desaparición del rey y su cortejo y se alegró de saberlos a todos con vida. Sin embargo, al ver que los cofres volvían vacíos y que ya no les quedaba nada con lo que comerciar, el alma se les cayó a los pies.

Mudos, acompañaron al rey Ludovico con la mirada hasta que la comitiva desapareció por el portón del castillo. Incapaces de agitar las manos, se encogieron de hombros.

* * *

Las semanas fueron pasando y los mercaderes, ministros y soldados que habían partido con el monarca fueron recuperándose. Una vez que estuvieron al calor de su hogar, descansando y cerca de los suyos, la energía fue volviendo a sus cuerpos y corazones, y pronto todos volvieron a ser los mismos.

Todos menos el rey Ludovico. Estaba agotado. Su mente seguía despierta y su corazón ardiente, pero sus músculos no podían seguirlo. Los pesares y la última aventura fallida le estaban pasando factura.

Las horas y los días se esfumaban sin que percibiera ninguna mejora. Como su reino, él se iba poniendo mustio. Comía poco y con desgana, a pesar de que en las cocinas del palacio se esforzaban por probar nuevas y apetecibles recetas. Algunos de sus mejores amigos, reyes también, conocedores de la situación que atravesaba, enviaron a sus mejores médicos. Pero no sirvió de nada y, al poco tiempo, el rey ni siquiera se levantaba de la cama.

El soberano empezó entonces a convocar a los notables del reino en su propia habitación y atendía los asuntos de gobierno tumbado entre almohadones.

—A grandes males, grandes remedios —le dijo una mañana a su primer ministro, Leopoldo, hombre de gran visión política.

El rey y su primer ministro eran amigos desde la infancia. La nodriza del rey era la madre de

Leopoldo y ellos, que habían crecido como hermanos de leche, se habían vuelto inseparables desde el primer momento. Además, el buen tino, la paciencia y la amabilidad de Leopoldo lo habían convertido en el mejor consejero que un monarca pudiera tener.

El hombre había pasado algunos años lejos de su tierra, tras casarse con una mujer extranjera y tener una hija con ella, pero el amor por su rey nunca había decrecido. Prueba de ello fue que, cuando enviudó mucho antes de lo que era de esperar, dejó a la niña con sus abuelos y regresó a la corte de Ludovico.

—Debes hablar con el príncipe Estanislao. Aconséjale tan bien como siempre me has aconsejado a mí y recuérdale cuáles son sus obligaciones como mi hijo y futuro rey. —Y suspiró antes de añadir—: También para él se acabó su tiempo de luto.

El primer ministro sabía que aquella era una tarea difícil. El joven heredero era un buen chico, pero, desde la muerte de su madre y hermanos, había dejado claro que los temas del gobierno, negocios y política no le interesaban. Llevaba años dedicado al estudio, la reflexión y el arte. Y, a pesar de lo que se pudiera esperar de alguien de su posición y juventud, llevaba una vida discreta y sobria y pasaba las horas encerrado en sus aposentos. En raras ocasiones salía más allá de los muros de su jardín y, cuando lo hacía, nunca iba más allá del bosque que rodeaba sus murallas. Allí había un pequeño lago al que le gustaba acudir buscando la inspiración para sus poemas espirituales.

Algunos lo tenían por un asceta, un anciano sabio que ni siquiera había cumplido los treinta. Otros creían que simplemente era un perezoso que se había buscado una excusa, o varias, para no tener que trabajar. Unos pocos empezaban a dudar si no sería el miedo el que lo tenía atrapado entre aquellas paredes; tal vez el mundo le parecía demasiado peligroso o la vida demasiado dura para enfrentarse a ella. Los más malintencionados, pocos pero los había, creían que no tenía capacidad para nada.

* * *

—Buenos días, mi príncipe.

—Primer ministro, ¿cómo ha pasado la noche mi padre?

—Vos mismo podéis acercaros a su estancia para preguntárselo. Estará feliz de recibiros.

—Quizá más tarde —contestó Estanislao sin levantar la vista de sus grandes libros—. Ahora mismo me enfrento a una de las partes más difíciles de las Antiguas Escrituras.

—Me veo en la necesidad de pediros vuestra atención —casi susurró Leopoldo—. Creedme que, si no fuera de vital importancia, no lo haría.

—¿No puede esperar a mañana? ¡Mejor! ¿A la semana que viene? —insistió el príncipe sin dejar de apuntar en un gran pergamino—. En este momento estoy traduciendo lo que los grandes sabios fundadores de nuestro reino definían como esencia de la bondad. ¿Puede haber algo más importante que el estudio de la bondad?

El primer ministro se giró sobre sus pies y se dirigió a la puerta de la biblioteca para salir y dejar allí al joven erudito perdido en sus traducciones y volúmenes. Sin embargo, algo lo detuvo en el mismo umbral.

—Sí.

—¿Sí? ¿Sí qué? —preguntó el príncipe.

—Sí que hay algo más importante que el estudio de la bondad.

—¿El qué?

—La práctica de la bondad. ¿Queréis saber por qué?

Sorprendido, Estanislao alzó la vista por primera vez en muchas horas. Si algo le apasionaba casi tanto como el estudio era una buena discusión sobre un tema de su interés con un buen adversario, y el primer ministro lo era.

«Más sabe el diablo por viejo que por diablo», se dijo Leopoldo mientras, palabra a palabra, llevaba a su contrincante hacia el tema de conversación que realmente le preocupaba.

—Es hora de despertar.

—¿Despertar?

—Sois un príncipe dormido.

—¿Dormido? ¡¿Qué decís?! Me levanto al alba; empiezo el día cuando aún duermen muchos. Leo, estudio, reflexiono con grupos de sabios, escribo, interpreto música, medito... Y no me voy a dormir antes de la medianoche.

—Sois un príncipe dormido, repito. Nada de todo eso es lo que se espera de vos.

—¿Lo que se espera de mí? ¿Quién lo espera? ¿El qué? —Estanislao se puso en guardia.

—Habéis nacido príncipe.

—No por elección.

—Cierto. Pero también nacisteis hombre sin elegirlo. Y rubio, y alto, e inteligente y... nada de todo esto lo elegisteis.

El príncipe observó al primer ministro sin contestarle.

Eso animó al otro a continuar con las palabras que tenía preparadas.

—Lo espera el pueblo, lo espera la historia, lo espera vuestro linaje desde sus tumbas. El apellido que lleváis implica comportaros como tal.

—¿Como tal?

—Sí. Tenéis que estar al lado de vuestro padre y poneros al frente de vuestro reino, procurar por su bienestar económico y político, liderar a vuestros ciudadanos hacia un futuro brillante. No hace falta que os explique que no podemos seguir así. El presente que vivimos ya es catastrófico. ¿Cómo puede ser el mañana?

—Hum…

—Las cosechas no crecen, el ganado se muere, nuestras arcas se vacían… ¿Lo peor? Los hombres y las mujeres del reino se desaniman, dejan de trabajar, se encierran en sus casas… Un pueblo que antes reía y bailaba, emprendía, proyectaba y soñaba ha dejado caer los brazos y sus ánimos. Los jóvenes que aún tienen esperanzas no tardarán en escapar hacia otras tierras que les prometan futuro. ¡No nos lo podemos permitir! —El primer ministro confundió el silencio del príncipe con un «sí» y siguió hablando—: Nuestros enemigos empiezan a conocer nuestra debilidad. Corre como la pólvora que la pobreza nos amenaza, que nuestros soldados están desmotivados y, por tanto, nuestras fronteras son vulnerables. ¿Qué creéis que pasará si no cambiamos esta suerte?

—Ya...

—Príncipe Estanislao, descendiente del gran linaje que ha reinado con justicia este territorio por siglos, es el momento de que asumáis vuestro papel. Tomad las riendas de vuestro reino, liderad a vuestro pueblo, devolvedle la abundancia y, con ella, la felicidad y la esperanza.

—¿La abundancia, decís? —le preguntó el príncipe, despertando de su silencio repentinamente.

—Sí, príncipe. Vuestro pueblo, vos, yo... la merecemos. La vida es un regalo, un regalo de amor. No hemos venido a sufrir sino a disfrutar, a tener una existencia plena y abundante. Tenemos derecho a ello.

—Sois un anciano sabio, ministro. Decidme, pues, ¿qué supone para vos tener una existencia en abundancia?

El ministro lo miró sorprendido. Quizá no estaba todo perdido: quizá sus palabras de luz y amor habían tocado lo más profundo del príncipe.

—Tener todo aquello que necesitamos en el instante en que lo necesitamos. Debéis traer la abundancia a vuestra vida para traerla a nuestro reino. Tenéis vuestro corazón encerrado. ¡Abrid las ventanas! Que le lleguen la luz y el aire. Así descubriréis todos los dones que, por años, habéis escondido; los habéis escondido y negado tanto que ni vos mismo los recordáis. Encontradlos y ponedlos a vuestro servicio y al de vuestro pueblo.

El silencio se hizo entre los dos hombres. Leopoldo sonrió y se retiró. Estaba convencido de haber visto un atisbo de curiosidad en los ojos del príncipe Estanislao.

La curiosidad era un primer paso.

* * *

Tres semanas después, el primer ministro se sentía derrotado; nada había cambiado. Cabizbajo, se acercó a las dependencias del rey Ludovico y se lo explicó.

El príncipe Estanislao seguía sin presentarse a las reuniones del gobierno y se negaba a recibir a los embajadores de otros reinos que acudían a visitarlos o a presidir las audiencias en que los ciudadanos venían a presentar sus peticiones. En cambio, se pasaba más tiempo que nunca encerrado en su ala del castillo hasta bien entrada la noche. Los sirvientes decían que lo oían recitar poemas en lenguas extrañas, tocar música hasta altas horas y que recibía constantes visitas de algunos de los ermitaños más famosos del mundo. Frente a este panorama, el rey Ludovico mandó llamar a su hijo y lo recibió con una enorme sonrisa que, a pesar de su gran esfuerzo, duró poco dibujada en su rostro; el dolor se la borró.

—Padre, ¡realmente tenéis mal aspecto! —exclamó un horrorizado Estanislao.

—Así es, hijo, los médicos no encuentran qué me pasa. No paro de empeorar...

—¡Cómo lo siento! —dijo realmente preocupado el príncipe—. ¿Hay algo que pueda hacer por ti?

—¡Sí! Hay tantas cosas... que en realidad es solo una.

—Decid, padre, lo que esté en mi mano por ahorraros sufrimiento, por contribuir a vuestra mejora...

—Paz, tranquilidad, calma. Eso necesito, hijo.

—¡Haré que nadie os moleste! Sacaré a todos los médicos y los enviaré de vuelta a sus reinos agradeciendo sus servicios, prohibiré que los ministros vengan a despachar en vuestras dependencias y castigaré a todo aquel ciudadano que se atreva a haceros llegar sus problemas.

El rey Ludovico tosió. Su hijo no entendía nada. Tal vez el primer ministro Leopoldo tenía razón y era un caso perdido.

¿Un caso perdido? ¡Ni hablar!

Era su hijo y, como tal, como habían sido sus hermanos, un luchador.

Aunque hiciera años que viviera dormido, él lo despertaría.

—Estanislao, que me escondas los problemas de mi pueblo o mis responsabilidades no me va a dar paz. Lo que me la va a dar es que tú, en mi nombre, asumas el gobierno de nuestro reino y luches por recuperar nuestra economía y la felicidad que nos corresponde.

—¡No!

—¿Cómo qué no? —preguntó un sorprendido rey—. Dame un buen motivo para no querer ser feliz, para vivir como vives: aislado, encerrado, triste, asustado… ¡No te entiendo! ¡Menudo despropósito!

—Solo sabéis hablar de riqueza, gobierno, poder, política, bienestar, abundancia… ¿No habéis aprendido nada de lo que ha pasado en nuestras vidas en los últimos años? —El príncipe Estanislao se perdió entonces en un monólogo sin fin—: El Universo, o Dios, nos habla a través de lo que sucede y vos no queréis escucharlo. Mi hermano mayor se dedicó a guerrear, a luchar para conquistar, para engrandecer, por fama, por gloria... y solo halló la muerte. Mi segundo hermano vivía para los demás, de fiesta en fiesta, de torneo en torneo. Presumía de tener mil amigos y justo uno de ellos lo mató. Sois un buen padre y un buen rey; sé que, cuando buscáis la riqueza y el negocio, lo hacéis para mejorar vuestra posición y también la de vuestro pueblo. Pero ya habéis visto donde os encontráis hoy... No quiero seguir vuestro camino. Fuera solo hay peligros. Solo en la búsqueda de la bondad, en el estudio de la verdad, me siento seguro. Una vida sobria, centrada en mí y en el saber, hará que tenga una vida larga. Y esa vida larga la dedicaré a enriquecerme espiritual y emocionalmente. Y no creáis que soy egoísta, pues todo ese saber lo compartiré con el mundo, llegado el momento, a través de los libros que escribiré. Y tal vez con el tiempo formaré algunos discípulos que, como yo, renunciarán a una vida de vacío y superficialidad para centrarse en el yo y en el universo...

—¡Hijo! Escúchame, por favor —suplicó el rey—. Piensa bien lo que dices. ¡Escucha cómo hablas! ¿Quién guía tus palabras? ¿El miedo? No has nacido para ser un libro ni una roca ni un animal escondido en su madriguera… Debes asumir tu responsabilidad. ¿Para qué has nacido? Pregúntatelo y comprométete con tu destino.

—No queréis entenderlo, padre. Pero no importa. Todo lo que hago lo hago por vos. Busco las verdaderas riquezas para vuestro reino, las verdaderas joyas que deberían lucir en vuestro escudo, pero no sabéis reconocerlo. Preferís oro a bondad, soñáis con comida para el cuerpo y olvidáis el alimento para el espíritu de vuestros súbditos… Y me duele pensar que preferís que yo también pueda correr riesgos como mis hermanos.

* * *

Aquella noche, cuando el ayuda de cámara se acercó a sus aposentos, encontró al rey más derrotado que nunca. Lloraba desconsolado sobre el hombro de su primer ministro, quien tampoco lucía mejor cara.

—¿Cómo puedo tener un hijo tan cobarde? —suspiraba.

—Alteza, yo creo que el valor está en él —lo calmaba el primer ministro y amigo—, pero debe ser él quien lo crea. Mientras se ponga límites, mientras crea que no es valiente o que no tiene derecho a ser feliz, nada podemos hacer los demás.

2

Un hombre
cuestionado

Lo que más le gustaba al príncipe Estanislao de pasear por el bosque era la soledad. Al menos, hasta ese viernes. Entre los árboles, se sentía protegido pero a la vez libre, porque no había nadie a su alrededor. Allí, en plena naturaleza, se sentía tranquilo, en paz, lejos de las miradas de todos aquellos que esperaban algo de él.

Algo que él no podía darles. Algo que él no quería darles.

Eso se repetía a sí mismo mientras se acercaba al lago para nadar un rato. Su sorpresa fue descubrir que no era el único que había acudido hasta allí aquella mañana.

Una mujer bellísima emergió de las aguas vestida con una fina túnica. Algunas gotas de agua brillaban sobre su piel como piedras preciosas y una larga melena castaña caía sobre su espalda, cubriéndola casi por completo. Se movía con armonía y elegancia. A su alrededor, los juncos de la orilla parecían inclinarse y los pájaros entonar sus más increíbles y secretas canciones.

El príncipe Estanislao no sabía que Cupido, el emisario del amor, acababa de hacer diana en su corazón. Quieto entre los árboles, era incapaz de separar su vista de aquella muchacha mientras ella se secaba y se vestía.

A pesar de lo idílico del momento, una sombra de pena parecía cubrir los oscuros ojos de la joven y el príncipe sintió el impulso de conocer qué motivo podía entristecer de aquella manera a alguien con tanta juventud y belleza. Además, tenía que saber quién era, pues sintió que, si dejaba de verla, si desaparecía, todo perdería ritmo en su vida.

—Dama...

—¡Alto ahí! ¿Quién sois? ¿Por qué me espiáis? —respondió ella empuñando un cuchillo que había sacado rápidamente de una de las alforjas de su montura.

—Señora, yo... No os espiaba. Paseaba por este bosque y, como es mi costumbre, me acerqué hasta el lago para refrescarme. Os pido disculpas si os he asustado. Me llamo Boris y soy artesano del reino —mintió Estanislao.

—Entonces ya sabréis que son tiempos difíciles e inseguros los que se viven por aquí y no os extrañaréis de mi reacción —susurró sin acabar de confiar, pero bajando el arma—. Una doncella no está a salvo y debe temer de todos.

—¡Qué equivocada estáis! ¡Se nota que no conocéis este reino!

—Creo que sois vos quien se equivoca, caballero. No nací aquí, pero desde hace ya unos meses es mi hogar y creedme que no os miento. Tras la muerte de mi madre, crecí con mis abuelos lejos de aquí y, ahora que ya soy una mujer, he venido a cuidar de mi padre. Él vive aquí desde hace muchos años y esta tierra no es como él me había explicado...

—¿A qué os referís?

—Él y todos hablaban de un paraíso: abundancia, gente feliz, futuro... Y yo solo encuentro campos yermos, casas cerradas por miedo, hombres sin nada que hacer que se lanzan desesperados a asaltar por los caminos, niños que piden o roban comida...

—Eso no puede ser cierto.

—Con el buen rey Ludovico enfermo... ¡no queda futuro para su pueblo! El hambre, la enfermedad y la inseguridad han empezado a adueñarse de todos.

—Pero está su hijo, el príncipe Estanislao...

—¿Ese? —dijo ella con cara de asco.

—Un poco de respeto —exigió Estanislao.

—Debería ganárselo.

—Es un hombre sabio, bueno...

—¿Sabio? ¿Bueno? —rio ella—. Cuentan que no sale de sus aposentos y que apenas se mezcla con otras personas. ¿De verdad creéis que es sabio aquel que no es capaz de viajar, vivir experiencias y relacionarse con otros? En cuanto a lo de bueno...

—No lo pongáis en duda. Jamás ha engañado a nadie ni ha hecho daño alguno. No ha robado y no se le conoce ningún acto mezquino ni malvado.

—Ni bondadoso o generoso. Ese es el problema, que no se le conoce ningún acto —suspiró ella—. Como mucho aceptaré que es un hombre neutro, gris, indiferente... Pero no bondadoso cuando ve a su pueblo sufrir y no hace nada.

—Pero ¿qué puede hacer?

—Tomar ejemplo de su padre, un hombre anciano y enfermo que ha perdido a sus hijos y a su esposa, pero que aun así se lanzó de nuevo a los caminos por su pueblo.

—Él no es igual.

—Está claro que no. Pero nadie le pide que sea igual, sino que sea quien debe ser y no se encoja de hombros. Debemos ser responsables y no inmunes al dolor de los otros. Su destino y el nuestro están unidos por las estrellas, desde su cuna. Pero... ¡¿qué más da?! ¿Quién soy yo para decirle a un futuro rey qué debe hacer?

—¿Quién sois?

La misteriosa doncella no respondió. Rápidamente montó en su caballo y, sin responder, desapareció al trote entre los árboles.

El príncipe Estanislao se sentó en la orilla, cabizbajo. Dos horas después, allí lo encontraron dos de sus hombres que, preocupados por su tardanza, habían salido a buscarlo.

* * *

Por tres días y tres noches, el príncipe no salió de su cama. No probó bocado alguno y ni tan siquiera abrió ninguno de sus libros... La cuarta mañana irrumpió en las dependencias de su padre:

—Me voy —anunció.

—¿A dónde, hijo? —preguntó un preocupado padre.

—En búsqueda del secreto de la abundancia. Descubriré por qué nos ha dado la espalda y conseguiré que vuelva a sonreírnos.

—Vaya... Estoy orgulloso de ti —susurró emocionado el rey.

—No os creo, padre. Vos, como el primer ministro, como todo el pueblo, creéis que no tengo honor, ni valor, ni generosidad suficientes —dijo triste pensando en la doncella, el recuerdo de la cual no había conseguido quitarse de la cabeza—. Quiero demostraros que no es cierto y por ello partiré solo.

La tristeza ensombreció el semblante del rey. No conseguía entender a su hijo. A pesar de que iba a salir a buscar la riqueza, lo hacía tan apesadumbrado, rencoroso y asustado que temió por su vida. Aun así, Ludovico, sabedor de que el Universo juega con sus propias reglas, decidió confiar en que, por el camino, su hijo encontraría la abundancia para su pueblo y también para su corazón. Abundancia de generosidad, de alegría, de compromiso..., de amor. Y el valor suficiente para enfrentarse a los riesgos y obstáculos que, sin duda, también encontraría.

—Te entrego este saco para que lo ates a tu cinto. Todas las riquezas que vayas encontrando por el camino, ¡guárdalas en él! A tu regreso, las mostrarás a la corte.

El príncipe Estanislao contempló el regalo de su padre. Era de cuero, cosido a mano firmemente... ¡y muy pequeño! Como mucho, cabrían un par de puñados de monedas o dos o tres piedras preciosas. ¿Eso era lo que su padre pensaba que conseguiría? ¿Diez o quince monedas? ¡Le demostraría cuán equivocado estaba! Volvería como los grandes conquistadores, con una caravana de elefantes ricamente adornados, briosos corceles dirigidos por buenos jinetes y un montón de cofres llenos de oro, marfil, especias, toneladas de semillas...

Ofendido, giró sobre sus talones sin ni siquiera darle un beso a su padre, que, compungido, quedó en sus aposentos viendo como su único hijo desaparecía. ¿Volvería a verlo vivo? ¿Conseguiría cumplir su objetivo?

Cerró los ojos y, confiado, se encomendó a las fuerzas de la naturaleza, suplicando que lo protegieran y lo acompañaran. Y se dispuso a esperar sin saber por cuánto tiempo.

—No te preguntes por qué te suceden las cosas, hijo, sino para qué te suceden —alcanzó a decirle, aunque no supo si el príncipe lo había escuchado.

3

En camino...

¿Hacia dónde debía dirigir sus pasos? ¿Al norte? ¿Al sur? Quizá lo mejor era seguir el río hasta el siguiente reino. En sus orillas, seguro que crecían frutales y campos de maíz, y pastaban animales gordos y sanos... Podría preguntar a los habitantes del delta si querían hacer negocios con él, si le cedían algunas hembras para cruzarlas con los machos de su reino y pagarlos con algunas crías... O quizá podrían venderle a buen precio algunos sacos de semillas... El príncipe no era consciente de que, si pensaba en pequeño, solo conseguiría algo pequeño. El Universo le ofrecía *todo* y él se conformaba con *algo*.

Desacostumbrado a tener que elegir y abrumado ante las opciones, cuando apenas llevaba unos kilómetros de camino, se sentó en un prado. Así su caballo podía descansar y él, pensar.

Salía en busca de la riqueza y la abundancia. ¿Las telas o los diamantes eran riqueza? Quizá sí, pero le pareció efímera. ¿Y cuando se hubieran gastado? Las semillas o los animales parecían algo más duradero, pero ¿serían suficientes? ¡Parecía tan poca cosa! Además, ¿debía él tratar con ganaderos y agricultores de pocas luces para conseguir que se los cedieran? ¿Mancharía sus manos arrastrando cabras, palpando ubres de vacas o sacando zanahorias de bajo la tierra? ¿Debía ordenarles que ellos lo hicieran? ¿Pedírselo o negociar con ellos?

Se dio cuenta de que, a pesar de haber leído muchos libros, de hablar varios idiomas y de conocer a grandes maestros espirituales, no tenía muy claro cómo conseguir la abundancia ni de dónde. De hecho, nunca había necesitado preocuparse por ello. Tenía hambre y los más ricos manjares aparecían en su mesa. Necesitaba ropa y varios sastres acudían a sus dependencias con hermosos modelos; solo debía elegir entre los que ya le ofrecían perfectamente cosidos. Si lo que precisaba era un caballo, acudía a las cuadras del rey —que por muchos años habían sido las más cuidadas en muchos kilómetros—, buscaba el que más le convenía y pedía que se lo ensillaran; y si

ninguno le gustaba, hacía que vinieran ganaderos vecinos con sus crías jóvenes. Jamás se había preocupado por el valor de sus necesidades o caprichos. Y no
solo eso: nunca se había preocupado por cómo obte-
nerlos; simplemente le comentaba al chambelán qué
quería y este corría raudo a cumplir sus deseos.

En raras ocasiones, cuando había querido hacerse
con algún extraño manuscrito o contar con los sabios
consejos de algún erudito de dudoso linaje, había tenido que pagar. Entonces, tan solo debía abrir el arcón de sus dependencias, el que sus padres le habían
regalado al cumplir la mayoría de edad, meter su
mano dentro y sacar de allí una moneda de oro, un
pequeño rubí o una pieza de plata. Era como si ese
arcón no tuviera nunca fondo; llevaba años sacando
de él y jamás le había faltado nada.

Por primera vez en mucho tiempo, pues, el príncipe Estanislao empezaba a hacerse preguntas sobre
el origen de toda aquella riqueza. ¿Quién se ocupaba
de que su arcón siempre estuviera lleno? ¿Cómo era
posible que él nunca se hubiera preocupado por saber
de dónde salía todo lo que su padre le ofrecía?

«¡Qué tonto he sido! Si no se sabe algo, lo mejor
es preguntar a quien sí lo sabe», se dijo mientras ponía su caballo a galopar.

Solo cuando supiera qué buscaba, podría encontrarlo.

El qué lo llevaría hasta el dónde y allí descubriría el cómo.

O en eso confiaba.

4

Nada es bueno
ni malo...

Era evidente que, si quería saber qué era la abundancia, debía pedirle consejo a un hombre que viviera en ella.

Desde niño, su padre le había hablado del emperador Maximiliano, el único más poderoso y rico que ellos. Su imperio era el más grande del mundo conocido; kilómetros de bosques y prados lo ocupaban y lo bañaban los ríos más caudalosos que uno pudiera imaginar. Tan prósperas eran sus tierras que sus árboles siempre daban frutos y su mar nunca dejaba de abastecerlos de la mejor pesca. Además, sus artesanos eran reconocidos más allá de cualquier frontera y mercaderes de todo el mundo viajaban hasta allí para comprar su trabajo.

Según decían —aunque aquello era solo una leyenda—, el emperador tenía un palacio para cada día de la semana. El de los lunes era todo de mármol; el de los martes, de maderas preciosas; el de los miércoles, lo habían construido ceramistas de Oriente y el de los jueves tenía tantas habitaciones como días del año. Sin embargo, los más espectaculares eran los destinados al viernes, sábado y domingo. El primero era un pequeño paraíso que poseía jardines con aves exóticas y plantas de todo el mundo y por el que uno podía perderse si andaba sin uno de los guías especializados que el emperador Maximiliano había formado. El segundo tenía las paredes de oro, los muebles de plata y los pomos de todas las puertas eran esmeraldas. En cuanto al del domingo, se creía que tenía el don de cambiar según los deseos del emperador y su humor. En cada uno de ellos, se celebraban conciertos, bailes de máscaras y torneos todas las semanas; las mujeres estrenaban vestidos y joyas en cada una de esas ocasiones y los hombres presumían de carruajes y caballos.

También contaban que la abundancia era tal que alcanzaba a cada uno de los súbditos. Las casas de todos, incluso las de los siervos, tenían jardín, su propia chimenea y todas las comodidades que una familia podía necesitar.

Los lunes, el emperador abría el mercado para que todos pudieran hacerse con los alimentos necesarios para una semana sin pagar nada. Y, al cumplir los dieciocho años, los jóvenes se marchaban a vivir doce meses al extranjero, todo pagado por la corte. La única condición era que, al regresar, debían explicar al emperador lo que habían visto y vivido.

Y cuando los súbditos cumplían cincuenta, se les concedía un deseo sin importar cuánto dinero costara. Había quien pedía un elefante blanco, que el emperador hacía traer de Asia, y ahora más de un jardín lucía ejemplares de esta bestia. Otros ciudadanos habían pedido dar la vuelta al mundo y la oficina de correos del imperio recibía postales de los rincones más insólitos. En una ocasión, una mujer pidió vivir en un globo aerostático y Maximiliano mandó construirle uno con todas las comodidades, y un hombre pidió una peluca de oro y el peluquero imperial se la construyó personalmente.

Todos morían de viejos en aquel imperio. Cuando un virus se atrevía a cruzar la frontera, el emperador invertía en los mejores medicamentos o en contratar a los mejores científicos para que acabaran con él. Y, si alguien sufría un accidente, tenía a su disposición a los mejores galenos y especialistas.

«Si eso no es abundancia, ¿qué lo es?», se preguntó el príncipe Estanislao mientras dirigía su caballo hacia aquellas tierras.

El emperador Maximiliano, un hombre justo, tenía en mucha estima al rey Ludovico, quien lo había protegido cuando era un niño, tras la muerte de sus padres. De eso habían pasado décadas, pero ambos hombres se seguían profesando cariño y respeto. Con eso contaba el príncipe. ¿Cómo iba Maximiliano a negarse a compartir su secreto, el secreto de su riqueza, con el hijo de un viejo amigo al que debía tanto? No sabía si el emperador estaba al tanto de la situación que atravesaba su pequeño reino y de cómo su padre estaba perdiendo el aliento de vida por momentos, pero estaba seguro de que, en cuanto se lo pidiera, ¡el emperador le ofrecería la solución a sus problemas!

El príncipe Estanislao ya se veía victorioso aun antes de iniciar la primera batalla: «Al final va a resultar que no era tan difícil solucionar este embrollo», se dijo ufano, imaginando la cara que pondrían todos cuando él regresara con cientos de caballos cargados con los mejores productos, decenas de siervos y el secreto de Maximiliano escondido en el pequeño bolso que su padre le había regalado.

Lo palpó, aún vacío, y se prometió a sí mismo que, una vez que hubiera abrazado a su padre para ver su cara de orgullo, buscaría a la joven doncella del lago. No sería difícil. Por su presencia se veía que era de buena familia, seguramente noble. Preguntaría quién acababa de mudarse al reino y, cuando la encontrara, la iría a ver y le explicaría todo lo que había hecho por su pueblo. Y por ella. Así se daría cuenta de cuán equivocada estaba y de que lo había juzgado a la ligera...

Perdido en estos pensamientos y otros muchos más pero parecidos, el príncipe Estanislao vio cómo se ponía el sol. Era el momento de parar y pedir hospedaje en la granja más cercana. Era habitual en un territorio en paz como aquel que estaba atravesando que las personas de bien acogieran al viajante y le ofrecieran calor, un lecho y algo de comer.

Ya instalado en una humilde cama, se durmió pensando que aquella tierra de ensueño, la del emperador Maximiliano, estaba muy lejos, pero no le importaba. Tan convencido estaba de que en ella encontraría lo que buscaba que los kilómetros le parecían metros y las jornadas de viaje, minutos. O al menos así fue los primeros días, durante los que cruzó pequeñas aldeas donde los habitantes lo recibían entre muestras de simpatía; estaban acostumbrados a los viajeros de paso y les gustaba ver cómo estos admiraban sus plazas, sus iglesias o disfrutaban de sus recetas. El príncipe Estanislao fue uno de ellos.

Él, que después de la muerte de su madre y hermanos había creído que la riqueza solo conlleva desgracias, empezaba a darse cuenta de que no solo la prosperidad del emperador Maximiliano rompía esa creencia, sino que también lo hacían aquellos con los que se cruzaba en su aventura. Esos trabajadores, granjeros, campesinos y comerciantes, de cuyo contacto estaba disfrutando por primera vez en su vida, le hicieron recordar las palabras que le había dicho el primer ministro: «La abundancia es tener todo aquello que necesitamos en el momento en que lo necesitamos». Aquellas personas humildes, que trabajaban de sol a sol en sus tierras o comercios, en sus talleres, en la escuela o en el hospital y que por ello obtenían un salario o productos que vender, parecían llevar una vida plena y tranquila... ¿Sería aquello la riqueza?

Sin encontrar todavía la respuesta a sus preguntas, Estanislao siguió su viaje y llegó a la capital de la comarca en la que se encontraba. Las calles lo recibieron engalanadas; los habitantes celebraban la Fiesta de la Primavera y se entusiasmaron al saber que ese año contarían con un invitado de lujo, el hijo del mítico rey Ludovico. Por no defraudarlos, decidió quedarse un día para dar el pregón y abrir el primer baile. Pero un día llevo a otro y pronto se dejó tentar por la alegría y la comodidad. Se apuntó a un concurso de pintura, presidía todos los banquetes y jugaba a cualquier deporte que le propusieran. Cualquier excusa era buena para postergar su viaje y, poco a poco, el recuerdo de su misión se volvió borroso; la cara triste de su padre se perdió entre los pliegues de su memoria, con las súplicas de su primer ministro o el desprecio de la bella dama del lago.

De algún modo, el príncipe Estanislao sintió que debía recuperar el tiempo perdido: «Por culpa de la desgracia, se me han escapado los mejores años. Estoy a punto de cumplir treinta y llevo diez de duelo por la muerte de mis hermanos. ¡Ellos se lo buscaron!», pensó con rabia, un sentimiento hasta entonces desconocido para él. Al principio, le sorprendió sentir aquel mordisco en su estómago. Sin embargo, cuando pensaba en sus hermanos, el guerrero y el alegre, le mudaba el semblante y sentía ganas de aporrear alguna pared o lanzar algún vaso contra el suelo. ¡Ellos eran los verdaderos culpables de que el reino hubiera perdido su riqueza y viviera horas bajas!

—¿Y ahora soy yo quien debe pagar por sus actos? —murmuró olvidando que ambos habían trabajado mucho y duro por ser unos dignos herederos de su padre.

«El poder y la fiesta los cegó. Y yo crecí renunciando a lo bello de la vida, como los amigos y la alegría, por su culpa», se dijo mientras valoraba la posibilidad de aprender el oficio de farmacéutico. El viejo boticario de aquella aldea, con más de ochenta años, no tenía hijos y había visto en el joven un posible sustituto.

«¿Y si me quedara aquí? Trabajaría, llevaría una existencia honrada y formaría una familia. Parece un lugar seguro y tranquilo, y creo que este es el verdadero secreto de la riqueza», reflexionó el príncipe.

Fue un consejo del propio boticario, al explicarle sus dudas, quien lo devolvió al camino:

—Si hoy empiezas esta nueva vida, un día, dentro de algunos años, te asaltará el recuerdo de lo que dejaste pendiente. Puede que quedándote aquí encuentres abundancia y felicidad para ti, pero ¿es esta tu misión? El pasado no se va, no desaparece como si fuera una nube de lluvia. Cuando vuelva a ti, cuando recuerdes a aquellos a los que quieres dejar atrás, ¿qué te dirás a ti mismo? ¿No será que tienes miedo de cumplir con tu deber?

El príncipe protestó. ¡Tenía suficiente valor! Llevaba jornadas cabalgando solo y habría estado dispuesto a seguir haciéndolo si no hubiera sido porque allí había descubierto algo que le apasionaba más.

—Entonces, ¿tu problema es de compromiso? —inquirió el anciano.

El príncipe Estanislao volvió a quejarse. ¿Compromiso? ¡Llevaba años comprometido con la búsqueda de la bondad! ¡Cientos de horas dedicadas al estudio, a la búsqueda y a la reflexión! Y así seguiría si no fuera porque su padre le había suplicado que se lanzara a aquella aventura sin sentido.

—Pregúntate entonces por qué siempre encuentras algo que hacer para no cumplir con lo que parece tu cometido. Primero fue el estudio y el encierro frente a lo que considerabas el exceso. Ahora crees que el trabajo y la vida sencilla es lo que quieres. Apenas llevas un poco de camino y ya sientes, de nuevo, que has encontrado tu razón de vivir. ¿No será otro atajo para huir de lo que no deseas cumplir?

El príncipe se quedó pensativo. Vaciló, pero tuvo que darle la razón al boticario y se puso de nuevo en camino. Mientras perdía de vista la última casa de la capital sintió nostalgia de un futuro que no había llegado a vivir.

Tras cabalgar durante unas horas a través de un frondoso bosque, se adentró en un reino de alta montaña en el que sus habitantes tenían fama de ser trabajadores pero algo rudos, probablemente porque sus condiciones de vida eran más duras, ya que la lluvia y la nieve cubrían su territorio la mitad del año.

5

La mezquindad no entiende de riqueza

Sin que se diera cuenta, el sol que lo había acompañado aquellos días se fue escondiendo. Las ramas de los árboles eran cada vez más bajas y los matorrales empezaron a dominar el camino, que se volvió abrupto.

El príncipe Estanislao descendió de su caballo algo preocupado.

La luz se volvió gris y un par de truenos anunciaron lo inevitable: algunas gotas gordas los golpearon a él y a su montura. A pie, tratando de cubrirse con la capa y guiando a su caballo para que no se asustara, avanzó hasta que acabó agotado.

Estaba a punto de rendirse cuando, a lo lejos, descubrió una cabaña de piedra con un pequeño establo al costado. Era pequeña y, si no fuera porque de la chimenea salía humo, hubiera asegurado que hacía por lo menos un siglo que nadie ocupaba aquellas paredes.

Dudó mucho sobre qué hacer.

Aquello no le parecía nada acogedor: las ventanas estaban cubiertas con maderas y telas, la parte baja de la piedra lucía un moho verde que anticipaba la humedad interior e incluso, desde donde se hallaba, se podía detectar que faltaban algunas tejas en el techo.

«Esta casa no parece nada confortable», pensó. Sin embargo, sus ropajes estaban completamente empapados y sus pies pedían casi a gritos salir de las botas. Además, se sorprendió al ver en su caballo una mirada suplicante que nunca le había visto; estaba aterrado por los truenos y relámpagos que cruzaban el cielo.

—Lo hago por ti —le dijo a su corcel, sabiendo que lo hacía por los dos.

Instaló al animal en el establo y valoró la idea de quedarse allí con él, dándose calor el uno al otro. Pero entonces pensó que sería una desconsideración para los habitantes de aquel hogar. «Si me vieran aquí, podrían ofenderse creyendo que no aprecio el calor de su hogar y el plato de sopa que seguro me ofrecerán», pensó. Así pues, llamó a la puerta, una, dos y tres veces. Estaba a punto de desistir y volver al establo cuando, a través de la madera, escuchó una voz enfadada:

—¿Quién viene a molestarme en una noche como esta?

—Amable caballero, soy un viajero al que el mal tiempo ha sorprendido en mitad del camino, sin lugar donde guarecerse. Voy camino de la corte del emperador Maximiliano. Le agradecería si pudiera dejarme pasar la noche bajo su techo.

—¿Por qué debería hacerlo?

Al príncipe aquella pregunta le sorprendió por inesperada.

—Por hospitalidad y cortesía —dijo.

—De hospitalidad y cortesía no se come —respondió la voz.

El príncipe Estanislao, que no estaba acostumbrado a pedir y mucho menos a suplicar, se sentía incómodo y estaba a punto de darle una lección a aquel maleducado cuando el aullido de un par de lobos le hizo cambiar de opinión.

—Señor, soy un buen hombre que pide su ayuda en una noche infernal. Hace frío, hay una tormenta y animales salvajes cerca, ¿no tendrá compasión?

Se hizo el silencio.

—Con compasión tampoco crecen mis patatas ni pago mis abrigos.

El príncipe comprendió lo que pretendía aquel hombre.

—¿Por una moneda de oro?

—Empezamos a entendernos —dijo un hombre de mediana edad al abrir la puerta—. Si quiere pasar...

Cualquier cosa sería mejor que pasar la noche con frío y miedo. ¿Cualquier cosa? El hogar de aquel hombre parecía una madriguera por su oscuridad, desorden y suciedad.

—No piense que soy desconfiado, pero... ¿podría ver las dos monedas de oro? No abundan mucho por aquí y...

El príncipe no quería discutir. Le alargó lo que le pedía y se dirigió al rincón que aquel hombre le señalaba. Un pequeño colchón en el suelo y unas cuantas mantas.

—No tengo nada que ofrecerle para comer. Tengo muy pocas conservas y se acerca el invierno. Los campos, por aquí, ya no darán más cosecha hasta dentro de meses y la caza es escasa.

Estanislao hizo un gesto con la mano dándole a entender que no hacía falta que se preocupara y, mucho menos, que le ofreciera disculpas. Quería taparse con las mantas, cerrar los ojos y... despertar para descubrir que, en realidad, todo aquello era una pesadilla. Él, que había crecido en un palacio rodeado de sirvientes que respondían solícitos a cualquiera de sus deseos, no podía entender que alguien fuera tan mezquino. «¿Acaso la pobreza lo vuelve a uno egoísta?», se preguntaba sin cuestionarse siquiera si él había sido un príncipe generoso y compasivo... El Universo trataba de mostrarle al príncipe sus verdades, pero él seguía miope, dormido todavía.

* * *

Los rayos de sol que se colaban por la ventana sin cortinas lo despertaron. El aspecto de aquel lugar no mejoró a la luz del día. Sin embargo, para su suerte, el hombre había desaparecido; quizá había salido a cazar algo para el desayuno. Estanislao prefirió no esperar a saber la respuesta.

Afuera ya no llovía. Era una mañana perfecta para cabalgar y no podía desaprovecharla: quería llegar ante el emperador Maximiliano antes de que cayera de nuevo la noche, porque no quería volver a disputar unas migajas de hospitalidad con un montañés o granjero de aquel lugar.

Sin mirar atrás, se puso en camino. Iba tan preocupado por dejar aquel territorio que no se dio cuenta de que lo que hacía era adentrarse más y más en la montaña. El paisaje era muy diferente al del día anterior: los árboles parecían acogerlo, las plantas aromáticas le marcaban el camino y decenas de mariposas de colores lo acompañaban posadas en su capa. Decenas de flores se abrían a su paso y el canto de los pájaros fue sosegando a su caballo, que trotaba feliz.

Toda aquella belleza y armonía fue contagiándolo. Una serenidad luminosa invadió su cuerpo, haciendo que olvidara la mala noche que había pasado. Tan confiado se sentía que decidió echarse en un claro a descansar un rato, disfrutando del sol del mediodía, tras comer algunas frutas que había recogido. Ató a su caballo junto a unos matorrales para que también él pudiera comer, y el sueño lo venció.

Envuelto en su capa, mecido por una suave brisa, no se enteró cuando un grupo de elfos lo alzó del suelo y lo transportó.

6

Allí donde todo
es fácil

—¿Dónde estoy? —preguntó sorprendido al despertar.

Un coro de risas suaves fue la única respuesta que obtuvo.

El príncipe Estanislao miró a su alrededor. Se hallaba en una bonita estancia y descansaba sobre un gran lecho, rodeado de cojines de seda y entre sábanas de lino. Las paredes estaban decoradas con bellos paisajes de prados, cataratas y salidas de sol.

—En vuestra casa, majestad —contestó una enanita desde los pies de su cama.

A pesar de que su cuerpo era desproporcionada-
mente pequeño, su cara y su cabello pelirrojo eran de
gran belleza, así como lo eran todas sus amigas.

—Hay un error —murmuró el príncipe—. Yo solo
soy un viajero que...

—No hay ningún error. Nuestra señora, el Hada
de la Primavera, así nos lo ha hecho saber. Con vos
se ha cumplido la profecía.

—¿Qué profecía?

Todas las enanitas volvieron a reír antes de
desaparecer por la puerta. Frente a él habían dejado una bandeja llena de manjares: frutas de olores
penetrantes, pan y pasteles recién hechos, miel de
un intenso color ámbar, leche de una cremosidad
suave...

«Sea cual sea la respuesta, bien podrá esperar a
que reponga mis fuerzas», se dijo el príncipe, recor-
dando que, desde que había dejado su palacio, no había comido de aquella manera.

Admiró los manjares que se le presentaban, así
como los platos y copas tallados con dibujos de gran
elegancia, y aprovechó feliz aquel presente. Sentía
que se lo merecía por estar cumpliendo con aquella
misión tan dura: la de buscar la abundancia y la riqueza para su reino.

Cuando terminó de comer, volvió a caer en un sueño apacible del que despertó al oír una suave música.

Esta vez se encontró echado en un largo sofá de terciopelo azul. Frente a él, una orquesta de cámara acometía bellas piezas que combinaban notas musicales con cantos de pájaros posados en lo alto de los muebles de la estancia.

Desconcertado, miró a los músicos: ¡todos ellos eran ardillas! Un pequeño conejo color marrón, con los ojos entornados, los dirigía.

¿Qué prodigio era aquel?

Quiso preguntarles, pero se lo impedía su educación. No podía interrumpirlos, pues habría sido como no reconocer a los artistas. Y, aunque fueran roedores, si eran capaces de hacer vibrar así un violín, ¡eran artistas!

Los músicos fueron enlazando una pieza tras otra, consiguiendo que las manecillas del reloj avanzaran sin que el príncipe fuera consciente de ello. Solo la aparición de las enanitas cargadas con enormes bandejas le hizo descubrir que había pasado otro día:

—Su cena, majestad. —Se inclinó la enanita pelirroja mientras le señalaba hacia una mesa al fondo de aquella sala.

—Amiga, disculpa, me hablaste esta mañana de una profecía...

—Ayer.

—¿Ayer?

—Fue ayer.

—Bueno, da igual... —contestó impacientándose—. ¿Qué profecía?

—Solo el Hada de la Primavera puede contestar a esa pregunta.

—¿Y dónde está? ¿Cómo puedo hablar con ella?

El príncipe Estanislao fue consciente, en ese momento, de que no sabía dónde estaba ni cómo había llegado hasta allí. Aun así, para su sorpresa, no se sintió intimidado sino feliz y relajado.

—Tiene que descansar, majestad, y no preocuparse por nada. Cualquier cosa que desee, solo tiene que dar dos palmadas y uno de nosotros acudirá inmediatamente para atenderlo.

El olor de la carne asada y los vegetales inundó su nariz y el hambre lo asaltó de nuevo. ¡Su curiosidad bien podía esperar a que diera cuenta de aquellas maravillas!

Tras comer, volvió a caer en un profundo sueño, del que despertó en un precioso invernadero. Estaba en una tumbona y, a su lado, alguien había preparado diminutos pasteles de todos los sabores para que los disfrutara. Así lo hizo mientras paseaba entre las flores y plantas más increíbles que nunca hubiera visto. No reconocía la mitad de las especies. ¿De qué lejano reino provendrían?

Como siempre, sin que los llamara, aparecieron los sonrientes enanitos, que jugaban entre ellos por aquel jardín de las delicias. Sus risas y cantos lo trasladaron hacia aquel tiempo en que él jugaba con sus hermanos por las dependencias y jardines del palacio. Una sensación de bienestar, de hogar, acudió a él. Una sensación que creía olvidada...

* * *

Los días pasaban y el príncipe Estanislao se abandonó a aquella vida placentera, tranquila y regalada, olvidando poco a poco la profecía de la que le habían hablado y, lo que era peor, la misión por la que había salido de casa.

En el reino del Hada de la Primavera, a la que seguía sin conocer, no había sufrimiento ni esfuerzo. Acudían a él sus más bellos recuerdos de tiempos de infancia y podía pasar el rato disfrutando de libros, música o arte sin que nadie le recriminara su actitud o le hablara de deberes y honor.

—Soy el Hada de la Primavera —oyó entre susurros un atardecer en que jugaba al escondite con los enanos en un pequeño laberinto de cipreses.

Dio vueltas sin ser capaz de encontrar de dónde procedía la voz, que siguió hablándole y guiándolo hasta el centro del laberinto. Allí, sentada en un pequeño banco, rodeada de todos los enanos, los elfos y algunos de sus animales artistas, se encontraba el Hada de la Primavera.

—¡Por fin os conozco! ¡Por fin os encuentro! —exclamó el príncipe fascinado.

—Yo, en cambio, os conozco desde siempre —dijo el hada sonriendo—. Y os he esperado desde entonces.

Sus palabras parecían deslizarse por el aire, rozando las mejillas del príncipe como si fueran caricias.

—No importa cuánto hayáis tardado. Ya estáis aquí y aquí os quedaréis por siempre. Sois mi rey, el rey del País de la Primavera. Me amaréis como yo os amo y viviremos felices, tal como indica la profecía.

Al oír estas palabras, algo aceleró el corazón del príncipe.

¿Por siempre? ¿Rey? ¿Amor?

Se sintió confundido. Rey era su padre. Y algún día lo sería él, pero de su reino, no de uno de ardillas músicos y soldados elfos. En cuanto al amor... Creía que no lo había experimentado nunca, pero, al pensar en ello, acudían recuerdos borrosos a su mente: un lago, una dama con gotas de agua que parecían diamantes sobre su piel...

—Hada de la Primavera, creo que...

—¿No sois feliz aquí?

—Sí, mucho. Sin embargo...

—¿No tenéis todo lo que podéis desear?

—Y más, pero...

—Si os quedáis, todo será vuestro. Y nosotros, vuestros servidores. Necesito un rey a mi lado para que mi reino sea fuerte y respetado —exclamó el hada con cierto tono de súplica—. Solo pongo una condición: no podéis abandonarme por más de una jornada. No puedo obligaros, ¡de nada serviría quedarme con vuestro cuerpo si no poseo vuestro corazón y voluntad!, pero sé que estos días habéis sido feliz y...

El príncipe se compadeció de ella, aunque sabía que él no era ese rey que ella necesitaba. Añoró sus campos, en los que había corrido de niño con sus hermanos; recordó los muros gruesos de su palacio o la vieja biblioteca en que su madre le había permitido encerrarse por horas para leer y oyó, a lo lejos, los silbidos de los pastores que volvían con los rebaños al atardecer... En ese momento, fue consciente de que extrañaba con tanta fuerza su reino que casi le dolía y, solo con imaginar que podía no volver a verlo, quiso tenerlo.

Suspiró. Había sido feliz allí, en aquel país de fantasía, pero había llegado el momento de partir.

Por un tiempo impreciso se había abandonado a la felicidad sin preocupaciones y sin juicio. Y quizá hasta había alcanzado a vislumbrar lo que era la abundancia, pero no lo sabía y sentía que debía seguir buscando.

Quería volver a su casa y, para ello, debía cumplir con una misión: desentrañar el secreto de la abundancia para devolvérsela a su pueblo.

En el mismo instante que iba a expresarlo en voz alta, que iba a decirle al hada que renunciaba a su propuesta, ¡todo desapareció a su alrededor! Se esfumó. Se borró como si nunca hubiera existido.

El príncipe apareció entonces en mitad de un camino, junto a su caballo y frente a un poste de madera que señalaba la frontera de las tierras del emperador Maximiliano.

—¡Ahora sí! Padre, estoy a punto de volver a casa —gritó Estanislao sin poder imaginar todas las aventuras que aún le aguardaban.

7

Diversión, trabajo y beneficio de la mano

E l chambelán lo miró con cara de pocos amigos.

—Repetidme vuestro nombre —exigió serio.

Era consciente de su mal aspecto. Tras tantos días de camino, su rostro estaba cubierto por una barba descuidada y su ropa lucía desgastada. No había tenido tiempo de adecentarse antes de presentarse ante el emperador, y había creído que su clase y su alcurnia brillaban por sí solas al hablar, al caminar y en sus gestos... hasta aquella tarde en que el chambelán de la corte dudaba de si anunciarlo o no.

—Soy el príncipe Estanislao, hijo del rey Ludovico, amigo del emperador Maximiliano —repitió por tercera vez, tratando de no perder la paciencia que durante tantos años había cultivado.

El chambelán tosió. Le dio la espalda y cruzó unos grandes cortinajes sin invitarlo a seguirlo. Entonces oyó como al otro lado del ropaje alguien intercambiaba susurros y una fuerte tos precedió el anuncio que llevaba más de una hora esperando:

—El príncipe Estanislao, hijo del rey Ludovico, anuncia su visita y pide audiencia a su majestad imperial.

—¡Por Dios! ¿Dónde está? ¡Que pase inmediatamente! ¡Supongo que no lo habrán dejado esperando en el pasillo!

Oyó un revuelo de pasos y se abrieron los cortinajes. Dos pajes se inclinaban ante él y el chambelán le señaló el camino. Una alfombra roja larguísima conducía hacia un trono dorado en el que un hombre bajito, rechoncho y de pelo cano lo aguardaba emocionado.

—¡Por fin os conozco! ¿Me traéis noticias de vuestro padre? ¡Acercaos, por favor!

El príncipe Estanislao sonrió amablemente, aunque una duda atravesó su mirada: ¿aquel hombre era el gran dueño y señor de un imperio en el que nunca se ponía el sol? Se había imaginado alguien más... ¿apuesto?, ¿fuerte y poderoso?, ¿con porte guerrero o presencia diplomática?, ¿con mirada sagaz?

Se acercó para descubrir ante él a un hombre de mediana edad, con las mejillas coloradas, una gran y acogedora sonrisa, y unas cejas pobladas bajo las cuales se escondían unos ojos satisfechos y profundamente claros.

Tenía más aspecto de médico rural o de comerciante que de gran emperador.

«De todas maneras, no hay que dejarse llevar por las apariencias», pensó Estanislao mientras hincaba la rodilla en el suelo y se inclinaba.

—¡Fuera formalidades! Ven a darme un gran abrazo, por favor. Y cuéntame, cuéntame... Me han informado del frágil estado de salud de tu padre tras su malogrado viaje en búsqueda de nuevas alianzas comerciales. ¿Cómo se encuentra? Pobre Ludovico, ¡cuántas desgracias en los últimos años!

El emperador trató de pasar un brazo por los hombros del príncipe, pero no alcanzó y tuvo que conformarse con agarrar del brazo a su invitado para conducirlo hacia una sala escondida tras el trono.

Era un espacio acogedor, con alfombras, cojines, sillones y una chimenea encendida, que parecía ser el verdadero despacho de aquel hombre. Había una larga mesa, llena de papeles, en el extremo de la cual dos hombres se afanaban en contar monedas y apuntar los resultados en unas largas listas; en una esquina, dos más leían unos enormes libros, enfrascados en su propia conversación, y, en la otra, una mujer metía y sacaba papeles de un gran archivador. A pesar de que todos parecían muy atareados, se respiraba un buen ambiente.

Maximiliano invitó a Estanislao a sentarse en una butaca junto al hogar y tomó asiento a su lado. Rápidamente quiso saberlo todo sobre el estado de salud de su amigo Ludovico y el príncipe, atento, fue respondiendo a todas sus preguntas. De vez en cuando, alguno de los secretarios se acercaba al emperador para consultarle alguna suma o pedirle una firma, y este tenía la habilidad de atenderlos sin dejar de preocuparse por su invitado. ¡Parecía capaz de estar en todo!

—Vuestro imperio es el más rico y poderoso de toda la región, y sin embargo... No os ofendáis, pero yo pensaba que...

El emperador Maximiliano se puso a reír.

—Dime, dime… ¡No serás el primero ni el último que se sorprenda de ver a un emperador tan campechano y poco elegante como yo!

—No, alteza, ¡¿cómo iba yo a decir semejante cosa?!

—Pues serías de los pocos que no lo piensa —lo miró malicioso Maximiliano.

El príncipe Estanislao se sintió atrapado en falso.

—Lo que iba a decir —trató de disculparse— es que imaginaba que un imperio como el vuestro se gestionaba con grandes ejércitos.

—Y así es, ¡grandes ejércitos de diplomáticos, comerciantes, secretarios, técnicos…! Ya ves cuánta actividad tenemos aquí. Mañana, tarde y noche atiendo a personalidades que llegan desde las cuatro esquinas del planeta para proponerme relaciones con sus gobernantes, inventores que me ofrecen su último descubrimiento… A todos los escucho con atención y, más tarde, con mis consejeros, tratamos cada tema en detalle.

El príncipe Estanislao sonrió. Se veía que el emperador era un hombre feliz y que disfrutaba del trabajo. «No parece importarle tratar con comerciantes, campesinos o soldados. Disfruta de pasar el día con sus secretarios, los diplomáticos de otros países o cualquier loco que tenga una idea que proponerle», se sorprendió.

—Ahora, debo dejarte porque tengo algunas reuniones importantes; posibles alianzas, posibles negocios... Pero qué he de explicarte que no sepas, ¿verdad? ¡Eres hijo del gran rey Ludovico! ¡De él aprendí a gobernar como lo hago! —afirmó Maximiliano guiñando un ojo y levantándose.

El príncipe asintió algo triste. Era cierto que era el hijo del gran rey Ludovico, conocido por haber tenido uno de los reinos más prósperos de la historia y haberlo gobernado con buen pulso y justicia. Sin embargo, él nunca había prestado atención ni había mostrado interés por saber cómo lo hacía. Se arrepintió en ese momento, pero no quiso reconocer ante el emperador ese error ni su ignorancia.

«Encontraré un buen momento para explicarle bien mi situación, la situación de nuestro reino, y pedirle que comparta conmigo el secreto de su riqueza», pensó mientras un mayordomo lo conducía a sus dependencias, pues el emperador le había solicitado que permaneciera como invitado en su suntuoso palacio.

—Esta noche cenaremos tranquilos y tendremos ocasión de conversar —le había dicho mientras se despedían.

Ansioso, Estanislao pasó el resto de la jornada paseando libremente por el enorme palacio y sus jardines, que parecían no tener fin. Y también pudo tomar el pulso a aquel gobierno que, como ya le había anunciado Maximiliano, no descansaba nunca. En varios salones descubrió personas de los más variados escalafones esperando para ser atendidas por algún miembro del gobierno mientras varios ministros, que tenían despacho en el palacio, departían con secretarios y técnicos sobre los más variados temas. En los patios se acumulaban carretas de las que decenas de pajes extraían cientos de cestas, cofres o cajas con los más variados productos, e incluso vio llegar a unos vaqueros con mil cabezas de vacas y toros, que rápidamente desaparecieron camino de los campos, conducidas por los pastores.

De vez en cuando, a lo lejos, veía al emperador Maximiliano cruzando un pasillo rodeado de un séquito de técnicos que parecían ir tomando notas de lo que él dictaba o enseñándole mapas y telas o dándole a probar algún producto.

—¡Es como un gran director de orquesta! —murmuró el príncipe.

Se dio cuenta de que su primer juicio, al entrar en el salón del trono, había sido totalmente erróneo. A pesar de su aspecto físico o su presencia, el emperador derrochaba energía física y agilidad mental y no le temblaba el pulso si tenía que tomar decisiones difíciles.

—El año pasado —le confesó uno de los secretarios que había conocido por la mañana y que lo acompañó durante el almuerzo a petición del emperador— invadimos el pequeño reino de las montañas que tiene frontera con nuestro imperio. Su Excelencia comandaba el ejército y pasó con sus hombres casi tres meses en campaña.

Los habitantes del reino de las montañas, tras un año de intensas nevadas, se encontraban en una dura situación. Habían perdido la mayor parte del ganado, que era su fuente de riqueza para consumo e intercambio comercial, y, en vez de pedir ayuda al emperador como en ocasiones anteriores, habían decidido buscar una solución rápida: atacar las pequeñas aldeas y granjas a lo largo de la franja fronteriza.

—Creyeron que por unos súbditos tan lejanos el emperador no se movilizaría. Supongo que pensaron que no le salía a cuenta ir a defender unas granjas tan pobres —suspiró el secretario—. ¡Pero qué poco conocen a nuestra majestad!

El príncipe Estanislao no paraba de sorprenderse.

Y dicha sorpresa aumentó durante la cena y las horas de conversación que el emperador le concedió, pues, a pesar de ser un hombre muy ocupado, siempre encontraba tiempo para sus invitados.

—Y más si son hijos de viejos amigos —le dijo—. Nunca hay que olvidar a quien te cuidó, te protegió, te enseñó y compartió contigo su sabiduría cuando tú no eras nadie... Por años que pasen, siempre estaré en deuda con el maestro generoso y justo que fue tu padre y será así mientras viva. E incluso si él muriera, en mí tienes un aliado, príncipe Estanislao. Siento una gran dicha cada vez que puedo devolverle a tu padre una pequeña parte de lo que él hizo por mí, así que doy gracias al Universo por tenerte ante mí. Dime qué necesitas y te aseguro que, si está en mi mano, lo haré.

—Mil gracias, majestad. Mi padre siempre os ha tenido en alta estima y siempre ha alabado vuestro noble corazón. Ahora sé la razón...

—Déjate de fórmulas conmigo, por favor. El aprecio que tu padre y yo nos profesamos no las necesita. Cuéntame qué puedo hacer por ti.

El príncipe Estanislao pasó a contarle entonces todo lo que ocurría en su reino; algo que Maximiliano ya conocía por sus informantes y por el propio rey

Ludovico que, en alguna ocasión, ya le había pedido su ayuda para intentar salvar a su pueblo.

—Tras el asalto sufrido cuando buscaba nuevas alianzas que pudieran devolvernos la prosperidad, mi padre no ha vuelto a ser el mismo. Está débil y enfermo, y me he sentido obligado a dar un paso adelante —dijo el príncipe Estanislao—. Así que he venido hasta aquí para pedir vuestra ayuda, alteza.

—¿La mía? ¡Cuenta con ella! —aseguró—. ¿Quieres que mande un ejército a encontrar a los sinvergüenzas que atacaron a tu padre y a su cortejo? ¿Necesitáis defender las fronteras?

—No, no. No será necesario. Nadie amenaza aún los límites de nuestro reino y mi padre prefiere olvidar lo ocurrido a la comitiva real con aquellos delincuentes. Intentaron encontrarlos, pero ellos y los tesoros robados parecen haber desaparecido como la sal en el agua.

—¿Acaso necesitas que busque otros médicos que puedan curar su mal? Cuando supe lo ocurrido, el mejor galeno de mi palacio acudió junto a tu padre, pero si su ciencia no ha servido de ayuda...

—No, no, majestad. Está en buenas manos.

—¿Quieres entonces que os preste dinero? ¿Que os haga llegar más semillas o animales de cría? Hace unos meses, tu padre me dijo que no era necesario, que no era eso lo que necesitaba, pero...

—Sé que nos habéis ayudado mucho en ese sentido, tanto como habéis podido —suspiró el príncipe—. Y sé que seguiríais haciéndolo por el cariño que le profesáis a mi padre; pero él tiene razón: no son semillas ni animales de cría lo que realmente necesitamos.

—¿Entonces? —lo miró sorprendido el emperador.

—Por favor, por vuestra amistad con mi padre, por la deuda que tenéis con él, por vuestro carácter compasivo... Os pido que compartáis conmigo el secreto de vuestra abundancia, de vuestra riqueza. Eso es lo que necesitamos. —El emperador lo miró estupefacto—. ¿Cómo puedo conseguirla? ¿Cómo puedo atraerla? ¿Qué debo hacer y qué no para que se quede con nosotros? ¡Lo teníamos todo y todo lo perdimos, y no puedo entender el motivo de ello!

Maximiliano se encogió de hombros.

—Si lo supiera, ¡os prometo que os lo diría!

—¡Pero vos sois rico y nada hace tambalear vuestra riqueza! Estos días lo he podido comprobar. ¡La abundancia os rodea! A vos, y a vuestro pueblo. Y sé que no es por casualidad, trabajáis sin descanso y además disfrutáis haciéndolo... Es como si supierais encontrarla en cualquier momento... ¡Como si la atrajerais!

El emperador apuró su copa de vino y la puso a contraluz; era una copa realmente bella, tallada por artesanos en un lejano rincón del desierto. Maximiliano tenía un juego de cien copas y cada una ofrecía destellos diferentes. En ellas solo se servía vino de la mejor calidad, uno que había dormido por décadas en grutas oscuras y silenciosas, en la cúspide de las montañas más altas de su imperio.

Cerró los ojos para saborear ese último trago, escuchando la música que, en la habitación de al lado, toda una orquesta, su orquesta, tocaba en exclusiva para ellos.

Sonrió, consciente de que vivía rodeado de belleza, luz, riqueza... Y era feliz. No podía negarlo.

Entonces abrió los ojos y meditó bien sus palabras. El joven esperaba el gran consejo, la fórmula de la alquimia, el dos más dos para ser rico... y él solo tenía algo muy simple que decirle:

—Creo que solo podemos atraer y conservar aquello que de verdad deseamos.

El príncipe Estanislao quedó decepcionado y trató de responder, pero el emperador lo interrumpió con un gesto, dándole a entender que ahora le tocaba hablar a él.

—Me gusta ser rico. —Tras una pausa, en la que pareció haberse dado cuenta de algo, prosiguió—: ¡Quizás este es el problema! La muerte de tu madre y tus hermanos le hizo perder la esperanza y el gusto por la vida a tu padre, y puede que a ti te sucediera lo mismo. De hecho, hasta es posible que imaginaras que vuestra riqueza había sido la causa de vuestras desgracias y que empezaras a creer que es mala... —Estanislao enrojeció, sintiéndose descubierto—. ¿Estoy en lo cierto? ¿Crees que la riqueza es mala? Si es así, tienes que saber que la riqueza no es mala ni buena en sí misma, simplemente *es*.

Tampoco en esta ocasión el príncipe Estanislao tuvo la oportunidad de contestar al emperador, que se había levantado y paseaba por el salón sin esperar su respuesta.

—La experiencia me ha enseñado que uno se relaciona con la abundancia en función de lo que le haya pasado en la vida. ¡Uno no nace odiando la riqueza! Si alguien te ha robado, sueles relacionarte con el dinero con rabia. Si tuviste y lo gastaste todo y ahora vives en la pobreza, te relacionas con culpabilidad, porque su ausencia te recuerda tu malgasto, tu poca previsión...

Si te persiguen las deudas, solo piensas en el dinero como en una obligación, en lo que has de conseguir para pagar, en las fechas que no puedes olvidar… Si tú no tienes pero tu vecino sí, puedes relacionarlo con la envidia…

—¡Pero a mí no me ocurre nada de esto! —soltó el príncipe algo ofuscado.

—¡Cuánta vehemencia en tu respuesta!

—No quería molestarlo, excelencia…

El emperador hizo un gesto quitándole importancia a lo que estaba diciendo.

—¡Y no lo has hecho! Soy feliz siendo rico porque, además de disfrutar de una buena vida, hago que los que me rodean la disfruten. Vivo en abundancia, que he ganado de manera honesta, y la comparto. ¿Por qué iba a sentirme mal? —Se acercó hasta el joven y le puso las manos sobre los hombros—. Sé que, en un principio, te negaste a esta misión. Sé que por muchos años has vivido encerrado, al margen del mundo, y sin querer intervenir ni en los negocios ni en los asuntos de estado…

—No es exactamente…

—Tu padre me lo contó y tengo a mis informantes, Estanislao —volvió a callarlo el emperador—. ¿Por qué? Me aventuro a decir que por miedo…

—¿Por miedo? ¿Miedo a qué? —preguntó desconcertado el príncipe.

—Eso tienes que descubrirlo tú. ¿A perder la comodidad de tu palacio y de tu rutina? ¿A lo que los
demás dirán de ti si fracasas o incluso si triunfas? ¿A
la riqueza misma?

El príncipe no sabía qué contestar. ¿Podía tener
razón el emperador y su enemigo era el miedo?

—Una vez que sepas a qué tienes miedo, ¡podrás
enfrentarte a ti mismo!

—¿A mí mismo?

—Sí. Porque solo si deseas la abundancia desde el
fondo de tu alma esta llegará a ti. Yo la deseo. Y ¿sabes qué? Cuando deseo un nuevo carruaje, me veo en él
antes de que esté en mis cuadras; me imagino mon-
tándolo y recorriendo hermosos paisajes en compañía
de mi esposa, siento el sol en la cara, la risa feliz de
ella, la comodidad de mi espalda… Y entonces sé
que ya no pararé hasta conseguirlo. —Misterioso, el
emperador añadió—: Mañana, antes de que partas al
alba, te entregaré un pequeño papel en el que irá es-
crito un consejo para ti. Debes prometerme que lo
guardarás en la bolsa que llevas en tu cinto y que no
lo leerás hasta que llegue el momento de hacerlo, ya
sabrás en su momento cuál es. De todos modos, soy

consciente de que en mí no has hallado lo que buscabas, así que te propongo que vayas a ver a un hombre que creo que podrá ayudarte más que yo.

8

No es oro todo
lo que reluce

El príncipe Estanislao no daba crédito a lo que tenía ante sus ojos. El emperador Maximiliano, el hombre más rico de todos los territorios conocidos, le había dicho que él no tenía una respuesta sobre cómo conseguir abundancia, pero que le preguntara a Rosendo, porque si alguien sabía sobre ese tema era él. «Es un hombre encantador e inteligente que seguro que te acoge en su hogar con hospitalidad», le había asegurado.

Y, tras tres días cabalgando sin casi detenerse, por fin había encontrado a Rosendo, quien efectivamente era encantador, parecía inteligente y estaba feliz de que pasara con él un tiempo, en su morada, como le había explicado el emperador. «Solo se olvidó de decirme que Rosendo es un mendigo que vive en una pequeña cabaña en la que debo entrar de perfil», murmuró el príncipe para sí mismo. Había estado a punto de marcharse ante aquel panorama tan desolador, pero estaba agotado y el hombre había insistido tanto en que se quedara que postergó por un día su marcha. Pasaría aquellas horas como pudiera.

Rosendo era amable y buen conversador. Además, los prados de alrededor ofrecían un buen descanso a su caballo y, en ese momento, eso le pareció suficiente para quedarse; eso y no ser descortés con el viejo amigo de su padre.

—¿Y de qué conocéis al emperador Maximiliano? ¿Es vuestro señor? —preguntó Estanislao tratando de romper el hielo mientras el hombre, sentado sobre un tronco delante de su choza, revolvía un caldo que no parecía mucho más que agua en la marmita; un par de trozos de patata y de pan duro asomaban como todo complemento.

Un escalofrío recorrió la espalda del príncipe, que trató de cubrirse con su capa y acercarse al fuego. El sol aún no había caído, pero aun así hacía frío en mitad del bosque.

—Soy su consejero —respondió con una sonrisa Rosendo, acercándole un cuenco a su invitado.

—¿Consejero?

—Sí, acude a mí para consultarme sobre temas económicos —respondió sin darse por enterado cuando Estanislao empezó a toser incrédulo. «No es posible, se lo inventa para quedar bien. ¿Qué va a saber él sobre negocios? ¡Si supiera no viviría así!», pensó para sus adentros mientras cambiaba de tema. «Quizás esté loco, así que lo mejor será que le siga la corriente».

Diez minutos después, el joven descubrió que quien sí acudía al supuesto consejero para pedir ayuda era una viuda de mediana edad.

—Rosendo, mi situación y la de mis hijos es desesperada. Si no, no vendría a molestarte —murmuró la pobre mujer—. Hace dos días que no comemos nada porque ya nada tenemos.

El príncipe Estanislao miró su cuenco, un pobre caldo grisáceo con algunos tropezones, y se lo ofreció a la mujer pensando que él ya comería más tarde cuando se pusiera de nuevo en camino. «Alguna fonda encontraré», se dijo.

Sin embargo, Rosendo le hizo un gesto amable con la cabeza, negando. Entonces, cerró los ojos y juntó las manos sobre su corazón, en lo que al príncipe le pareció algún tipo de oración. Después de aquello, se levantó y, justo antes de desaparecer dentro de su cabaña, dijo:

—No te preocupes, mujer, de peores hemos salido. Algo encontraré por aquí.

Un silencio tranquilo llenó el bosque por unos minutos.

El príncipe no sabía qué decirle a la viuda y, esta, consciente de que estaba en presencia de algún caballero por sus ropajes y manera, bajó la cabeza avergonzada y no la alzó hasta que Rosendo regresó con un enorme saco de harina.

—Ya puedes hacer pan y, con lo que sobre, dirigirte al mercado para intercambiarlo por vegetales, huevos o algunas monedas. —Sonrió.

La mujer le agradeció cien veces su gesto y desapareció entre los árboles con el saco a cuestas.

Rosendo alzó los ojos al cielo y sonrió.

Apenas habían terminado la sopa cuando aparecieron dos muchachos corriendo. Su madre se había puesto de parto, no tenían dinero para pagar la comadrona y el bebé venía girado. La mujer estaba exhausta y empezaban a temer por su vida y la del bebé.

—Padre nos ha enviado a pediros ayuda. Dice que en un mes, en cuanto lleve los cerdos al mercado para vender, os devolverá lo que nos dejéis.

Rosendo asintió y, ante un sorprendido príncipe, repitió la misma operación anterior: cerró los ojos por unos segundos y volvió a colocar sus manos sobre su corazón. Se puso de pie y se dirigió a un pequeño pino que quedaba a la derecha de su choza. Se arrodilló ante él y con sus manos se puso a escarbar hasta que dio con un pañuelo sucio, del que extrajo tres monedas de oro.

—Aquí tenéis. Ahora corred, ¡no os entretengáis por el camino! Ojalá todo vaya bien —exclamó mientras alzaba los ojos al cielo y sonreía.

El príncipe Estanislao empezó a preocuparse por aquel hombre tan generoso. A él ni lo conocía y le había ofrecido la escasa sopa que tenía. Sus ahorros, a aquellos dos chicos. Y su despensa del invierno, a aquella mujer.

No sabía el joven que aún se tenía que sorprender más.

A media tarde, mientras el hombre trabajaba la madera y conversaba con él, llegó un grupo de hombres que parecían realmente apesadumbrados.

—Rosendo, venimos desde una aldea a un par de jornadas de camino. ¡Hasta allí ha llegado la fama de vuestra generosidad! Necesitamos vuestra ayuda, por favor.

El hombre los invitó a sentarse junto a la hoguera que había frente a la cabaña. Metió la olla de nuevo sobre el fuego y, para sorpresa del príncipe, un olor a sopa empezó a ascender. ¡Increíble! ¿No se habían acabado el caldo ellos dos?

Rosendo sirvió más de diez cuencos a aquellos desesperados caminantes ante un estupefacto Estanislao que no dejaba de asomarse a la olla, tratando de descubrir el truco.

«¿Quizás esté en presencia de un mago?», se preguntó sorprendido, pero pronto descartó esa posibilidad. «¿Quizá tenga algún tipo de pacto con algún mal espíritu?», y se asustó solo de imaginarlo. Aun más rápido descartó esa idea: el hombre transmitía paz y luz mientras trataba de calmar a sus visitantes.

Al cabo de un rato ya conocían su historia: un gran fuego había asolado sus almacenes, el más grande donde guardaban la cosecha recogida y el pequeño que ocultaba las semillas para sembrar la próxima.

—No sabemos cómo pudo suceder —lloraba el más anciano de ellos.

—¡Cien familias sin comida! Tenemos el ganado, pero si lo vendemos... ¿qué leche tomaran los niños? —suspiró otro.

—Estamos a las puertas del invierno, nuestros artesanos trabajan doblando jornadas para ver si podemos vender algunos muebles o útiles de cocina antes de que llegue... —añadió un tercero.

—Pero dicen que este invierno será tan frío y largo que... —le cortó un cuarto.

Rosendo los escuchó a todos, sin interrumpirlos; todas sus quejas, preocupaciones, dudas, lamentos... Parecía no cansarse nunca. Ponía atención y no trataba de animarlos con falsos argumentos.

«Ni les dice que ya pasará, ni que no es para tanto, ni que podría ser peor, ni que no se preocupen», pensó el príncipe.

—Así que a vos acudimos. ¿Creéis que podríais ayudar a nuestro pueblo? Prometemos corresponderos en cuanto podamos.

—Eso no será necesario. Solo os pido que, en otro momento y en otro lugar, recordéis lo que yo voy a hacer. Ayudad a quien os lo pida si podéis, sin importar si lo conocéis o no.

«Si podéis... Es evidente que tú no puedes, Rosendo, o serás tú quien muera este invierno. Ellos son muchos. Que vendan parte del ganado, que los niños ayuden a los artesanos... ¡que se esfuercen!», se sorprendió pensando Estanislao.

Cuando vio como el hombre cerraba los ojos y se llevaba las manos al corazón pensó que en realidad estaba frente a un loco. «Eso es, ni un sabio, ni un mago ni un adorador del maligno, estoy ante un inconsciente», murmuró para sí mismo.

Ya se imaginó lo que iba a suceder. Y, efectivamente, Rosendo entró en su cabaña y, al cabo de unos minutos, salió con un cesto que ofreció a sus visitantes.

—¡Semillas! —exclamaron al unísono, felices.

Aquellos hombres vaciaron las semillas en sus alforjas y, emocionados, agradecieron el gesto a Rosendo, que declinó tanta atención. Entonces, mucho más animados, decidieron cazar unos conejos, asarlos y compartirlos con su salvador y Estanislao, que se sentía a gusto en tan buena compañía. Sacaron una armónica y alrededor del fuego, con música, fueron haciendo rodar las horas hasta bien entrada la noche.

A la mañana siguiente, se despidieron de ellos. Mientras los veía partir, Estanislao alzó los ojos, miró al cielo y decidió que prefería quedarse allí un par de días más. Le gustaba la compañía de aquel hombre sencillo y amable, y aún no había tenido ocasión de plantearle sus preguntas.

—Un poco más allá tengo un pequeño huerto. ¿Me acompañas? ¡Hoy toca sembrar!

—¿Sembrar? ¡Pero si regalasteis todas vuestras semillas!

Rosendo sonrió. Metió su mano en el cesto que había quedado vacío la tarde anterior y sacó un puñado de habas.

Estanislao no pudo evitar que se le abriera la boca, sin apartar la vista del interior del cesto. Allí no quedaba nada un minuto antes... ni quedaba ahora.

—¡Vamos! Un poco de ejercicio nos vendrá bien —insistió un divertido Rosendo.

El joven lo siguió: trataba de hablar, pero se atragantaba con tantas preguntas. No podía formular ninguna.

Solo cuando ya llevaban un rato trabajando, hombro con hombro, sudorosos, fue capaz de lanzar la primera.

—¿Por qué cerráis los ojos y ponéis las manos en vuestro corazón cada vez que alguien os pide algo?

—Yo soy solo un eslabón de una larga cadena de solidaridad, justicia y bienestar. Soy pequeño y solo, por mucho que quisiera, no podría ayudar a otros.

Pero… ¡aun así soy clave! En el instante en el que alguien me pide algo, soy el instrumento del Universo. A él me encomiendo para ayudar a quien lo necesita.

—¿Y después? Después…

—Después le doy gracias porque me ha permitido cumplir con mi cometido. —Rosendo lo miró profundamente—. No me preguntes por qué ni cómo. Nunca me ha fallado. Nunca he fallado.

—Pero ¿cómo?

—Ya te he dicho que no me preguntaras cómo, porque no lo sé. —Rosendo sonrió y se encogió de hombros—. Solo puedo decirte que mi deseo de ayudar es puro, nace en mi corazón. Para mí, no necesito más que lo que tengo, me gusta vivir con poco… —le dijo señalando a su alrededor—. Ya lo has comprobado: nada me falta, pero tampoco me sobra.

—Pero ¿y nunca os habéis quedado sin comida para vos? O sin ropa, sin semillas, sin dinero…

—Nunca. Yo vivo con lo que tengo y, lo que tengo, lo comparto. Y, me creas o no, aquello que doy, me vuelve. Por eso, esta mañana sabía que habría semillas en el cesto. —Rosendo calló un segundo antes de añadir—: ¡Tengo que admitir que soy un hombre muy rico!

Así que eso era: el hombre tenía escondido un gran tesoro en algún sitio, pero, por lo que fuera, había decidido vivir en mitad del bosque en aquella choza. Por eso el emperador Maximiliano lo había enviado a él...

«Esta es la mía», pensó y, antes de que el hombre pudiera decirle nada más, él le explicó quién era, de dónde venía y por qué estaba allí.

—Y ahora que lo sabéis todo de mí, vos que sois tan rico, decidme: ¿en qué consiste la riqueza? —quiso saber Estanislao.

—En tener todo lo que necesitas y te hace feliz —respondió Rosendo convencido, recordándole al príncipe las palabras que en su día le había dicho el primer ministro sobre la abundancia—. Pero sobre todo eres verdaderamente rico cuando además puedes compartir. ¡Ese soy yo! Y tengo lo que ves, no te equivoques...

A media tarde, cuando se hallaban limpiando las herramientas en la puerta de la choza, llegaron un hombre de mediana edad y su hijo, montados sobre un burro. Tras ellos traían dos ovejas.

Saludaron a Rosendo con grandes abrazos y, tras las preguntas de rigor sobre su estado de salud y el de sus familias, el recién llegado dijo:

—¿Recordáis que, hace un par de meses, cuando estaba desesperado porque había muerto el único macho de mi rebaño, me regalasteis el vuestro? —Rosendo asintió y trató de quitarle importancia al hecho—. ¡Nos salvasteis! Así que vengo a traeros un cordero para ti. Llega el invierno y sé que era vuestro único animal —carraspeó—. Pero además, como sé que al próximo que venga si lo necesita se lo daréis, os traigo una hembra preñada. Esperad a primavera y tendréis corderos para regalar.

El príncipe Estanislao no daba crédito a lo que veía. ¿De verdad que aquel hombre, que parecía disfrutar de una relativa buena situación, teniendo en cuenta su montura y sus ropajes, debía algo a Rosendo? ¿Y de verdad le iba a regalar corderos?

Más tarde, el príncipe acompañó a su generoso nuevo amigo a ayudar a levantar un almacén para un viejo granjero y a esquilar un rebaño de ovejas a cambio de un queso.

Aquella noche, Estanislao se fue a dormir agotado pero feliz de haberse sentido útil. Durmió profundamente y, en sueños, se vio a sí mismo viviendo en esa choza de por vida. Lejos de asustarlo, la idea pareció darle paz.

* * *

—¿Qué pasa aquí? —gritó asustado. Su caballo estaba rozándole la cara con el befo—. Pero, pero...

Estanislao miró a su alrededor sin entender nada. Despertó en mitad de un claro del bosque y, donde unas horas antes había una cabaña, ahora solo se levantaba el tronco de un árbol seco. No había ni rastro de Rosendo, de sus dos corderos, de sus herramientas... Solo su caballo y él, el bosque y una misión que cumplir, como dos días antes.

—¿Ha sido un sueño? ¿Me caí del caballo y he pasado todas estas horas dormido? ¿Quizá me han sentado mal algunos frutos del bosque y he tenido alucinaciones?

La respuesta le llegó en forma de papel. Sobre su pequeña bolsa de cuero descansaban dos: en uno ponía un nombre —«Doroteo, alquimista»— y una dirección, y el otro estaba doblado. Estanislao entendió el mensaje que este traía y, sin abrirlo, lo guardó en su bolsa de cuero.

Miró al cielo y sonrió, agradeciendo así la buena compañía y los consejos que Rosendo le había dado. Entonces se puso de nuevo en camino con ilusión renovada.

—¡Un alquimista! Ahí puede estar la respuesta. Si aprendo a convertir el agua en plata o la piedra en oro… ¡seré rico! Cueste lo que cueste, he de hacerme con ese secreto.

9

Sabiduría práctica

El príncipe Estanislao se sentía entusiasmado. ¡Un alquimista!

Durante los años de su encierro, esta disciplina filosófica había llamado su atención y hasta había dedicado parte de su tiempo al estudio de esta práctica que combinaba elementos de la química, la física, la medicina, la astrología o el espiritualismo. La alquimia había sido practicada en puntos tan lejanos y míticos como la Mesopotamia, el Antiguo Egipto o la China. ¡Cientos de eruditos habían dedicado más de dos mil quinientos años a desentrañar los secretos que les permitirían transformar cualquier metal en oro! Y por fin iba a conocer a uno de esos sabios que creían que el universo estaba compuesto de cuatro elementos

—tierra, aire, fuego y agua— y que toda sustancia se componía de tres partes: mercurio, azufre y sal, que eran en realidad los nombres vulgares para designar al espíritu, el alma y el cuerpo.

Lejos de lo que algunos creían, la mayoría de ellos no eran charlatanes, ilusos, locos o estafadores, sino hombres dedicados al saber que, antes de dedicarse a su tarea, realizaban ayuno y oración.

Perdido en sus pensamientos, el príncipe no fue consciente de los kilómetros que él y su caballo habían recorrido. Sin dejar atrás las tierras del emperador Maximiliano, el amigo justo y generoso de su padre, cruzó montañas, campos e incluso algún desierto.

Allí donde caía la noche, encontraba un hogar dispuesto a acogerlo: unas veces fue una choza sencilla como la de Rosendo y otras, en alguna pequeña aldea, algún comerciante le ofrecía una habitación algo más lujosa. Además, siempre había quien le invitaba a un plato de sopa caliente o a un poco de carne. Como le había pasado al inicio de su aventura, el contacto con esa gente sencilla y trabajadora, que le abría los brazos sin esperar nada a cambio, reconfortaba al príncipe. Y ahora se daba cuenta de que su reino también estaba habitado de buenas personas, honradas y esforzadas, que siempre habían sido buenos súbditos; familias que por generaciones habían cultivado el campo, cuidado los animales, comerciado con otros reinos, construido pueblos y levantado bellas esculturas... ¿Cómo había podido darles la espalda por tanto tiempo? ¿Cómo podía haberse olvidado de su sufrimiento escudándose en el suyo?

Se lamentó sinceramente por ello y recordó las palabras de la chica del lago, en quien no había dejado de pensar desde que había partido en su viaje en busca de la riqueza. Aunque, conforme pasaban los días, ese pensamiento iba cambiando de color.

Primero, al acordarse de ella, había sentido enfado y rabia; ¿por qué había hablado así de él sin ni siquiera conocerlo? Más tarde, había tenido la necesidad de demostrarle que estaba equivocada. El orgullo y la soberbia dominaban su recuerdo en ese momento; tenía que triunfar en su misión para demostrarle que se equivocaba sobre él. Ahora, sin embargo, sentía curiosidad. ¿Quién sería aquella muchacha tan bella pero sobre todo tan inteligente? ¿A qué se dedicaba? Por su porte y sus modales, no cabía duda de que pertenecía a alguna de las mejores familias de su reino. ¿De quién debía tratarse?

Las hectáreas pasaban bajo los cascos de su caballo sin que lo asaltara el cansancio. El recuerdo de la dama del lago y la ilusión de conocer a un alquimista de verdad, pero sobre todo el calor de las personas con las que se cruzaba le hacían compañía y acortaban la distancia.

En la ciudad más grande que cruzó, el alcalde, al enterarse que un príncipe buscaba alojamiento por una noche, le abrió las puertas de un viejo palacio, en el que se organizó una gran fiesta en su honor, con músicos, magos y trapecistas. El pueblo entero estuvo bailando hasta la madrugada, disfrutando de los espectáculos y los mejores manjares.

«Esto es también la abundancia: ser feliz y compartir con otros esa felicidad hasta el amanecer. Disfrutar del momento presente sin por ello abandonar mi misión ni traicionar el pasado», se dijo.

También disfrutó del momento la noche en que, sin tiempo a llegar a ninguna casa, una caravana de comerciantes lo invitó a sumarse a su hoguera, en medio de un bosque, y a compartir con ellos alimentos, canciones e historias.

Cuando ya creía que dormiría solo y al raso, había tropezado con un nutrido grupo de carromatos y criados que pertenecían a cuatro comerciantes que viajaban juntos para evitar los peligros del camino.

—Los robos no son habituales en esta zona, pero quien evita la tentación, evita el peligro —dijo Hermes, el jefe de ellos y el que le había dado la bienvenida.

—¿Dónde os dirigís? —preguntó Rudolf, el cuñado del primero.

—Voy buscando a un hombre —contestó con reserva.

—¡Un hombre muy importante debe ser para que cabalguéis solo y en la noche! —rio Rudolf.

—Para mí lo es —accedió el príncipe.

—¿Un rey? ¿Un hombre rico? ¿Un ministro? —inquirió Tomaso, el más curioso de ellos.

—¿Un médico? —preguntó el que hasta ese momento se había mostrado más reservado, Miquele—. ¿O el padre de una bella damisela de la que deseáis la mano?

Todos prorrumpieron en aplausos y carcajadas.

Pronto descubrió el príncipe Estanislao que, entre aquellos viajeros, una buena historia era el mejor pago por su hospitalidad. Así que, tras compartir un venado y buen vino de las bodegas de Hermes, decidió regalarles la suya:

—Quizás ustedes puedan ayudarme… En realidad, lo que busco es el secreto de la riqueza.

Los cuatro comerciantes lo miraron sorprendidos.

—¿Para qué? —preguntó Rudolf, que empezó a sufrir por todas las mercancías que trasladaban e incluso por sus vidas.

El príncipe Estanislao leyó sus grises pensamientos y se aprestó a explicarles con todo lujo de detalles su misión y el porqué de esta. Todos, amos y criados, lo escucharon sin cesar de hacerle preguntas: ¿de verdad su padre era el justo rey Ludovico? ¿Era cierto que el emperador Maximiliano tenía un palacio para cada día de la semana y que uno era de oro? ¿Realmente existía una orquesta de ardillas? ¿Había conocido al Hada de la Primavera?

Al contar sus andanzas y ver el interés que suscitaban, el príncipe Estanislao se dio finalmente cuenta de que, en las últimas semanas, su vida había sido todo menos monótona y tuvo que reconocerles que lo que había empezado como una obligación para salvar el reino y darle tranquilidad al viejo rey se había convertido en una aventura increíble.

—Estoy más vivo de lo que he estado en los últimos diez años —dijo cuando Tomaso le preguntó cómo se sentía. El príncipe se sorprendió tanto al oírse a sí mismo que volvió a repetirlo una, dos y tres veces—: Estoy más vivo de lo que he estado en los últimos diez años, estoy más vivo de lo que he estado en los últimos diez años… ¡Más vivo de lo que he estado en los últimos diez años!

A la mañana siguiente, antes de separarse, cada uno de los comerciantes quiso darle su consejo para encontrar la riqueza:

—Trabajad —dijo Hermes.

—Aprended de los que saben más que vos —añadió Miquele.

—Sed generoso en el dar y egoísta en el pedir —afirmó Tomaso.

—Luchad, esforzaos, no os rindáis. Levantaos si caéis —aseveró Rudolf.

10

Quimeras inútiles

Meditando las palabras que los comerciantes le habían regalado, el príncipe Estanislao siguió su camino, que en esta ocasión estaba muy transitado porque se acercaba a una de las capitales de aquella región. Allí era donde se encontraba el laboratorio del alquimista, en el que pasaba el tiempo encerrado, dedicándose al estudio y a los experimentos, como le habían comentado aquellos a quienes había preguntado.

—No siempre quiere recibir a los extraños —le comentó un granjero.

—¿Tiene miedo a que le roben su secreto? —preguntó el príncipe.

El hombre rio de buena gana.

—No. Tiene miedo a que le roben su tiempo, algo según él mucho más valioso.

Estanislao estaba dispuesto a esperar lo que hiciera falta.

El primer día que se presentó en la casa del sabio, lo recibió uno de sus aprendices, que lo miró con cierta lástima, asegurándole que su maestro era un hombre muy ocupado y que apenas concedía entrevistas.

—Pero debe parar a comer o a cenar… Yo puedo acompañarlo en ese momento.

—Come cualquier cosa en los laboratorios, la biblioteca o mientras vigila los trabajos —le respondió con paciencia el aprendiz.

—Estará libre los domingos.

—¡Qué más quisiéramos nosotros!

—¿En Navidad? ¿En verano?

El chico negó con la cabeza.

—¿En su cumpleaños ni siquiera un par de horas?

—La sabiduría no conoce de descansos. El que la busca, tampoco —recitó el aprendiz—. Cuando de verdad deseas algo con toda tu alma, como mi maestro desea descubrir la fórmula definitiva que convierta el plomo en oro, no se descansa, no se disfruta, no se divierte, no…

—Pero ¿nunca ve a su familia?

—¿Qué familia?

—¿Ni a sus amigos?

—El maestro no tiene amigos. Los que tuvo de niño los perdió por falta de tiempo y luego no ha hecho de nuevos, porque teme que puedan estar más interesados en sus avances que en su persona.

El príncipe Estanislao cabeceó.

—¿Tampoco acude a reuniones con otros alquimistas?

—En muy escasas ocasiones —contestó el chico, que empezaba a perder su tranquilidad—. La última, hace dos años.

—¿Nunca enferma y debe visitar al médico?

—La salud no está entre sus prioridades.

«Me toca afrontar una prueba más», pensó el príncipe Estanislao mientras regresaba a la habitación que había alquilado para descansar. «Puede que Doroteo no haya descubierto todavía cómo convertir el plomo en oro, pero estoy seguro de que está más cerca de la clave de la riqueza de lo que pueda estar yo, así que, como ha dicho su aprendiz, debo ser paciente y perseverar para lograr lo que de verdad deseo con toda mi alma».

* * *

Cada día, el príncipe Estanislao cruzaba la ciudad para llegar hasta casa del alquimista. Llamaba a la puerta y esperaba que apareciera el aprendiz de turno.

—El maestro no lo recibirá hoy.

La fama del alquimista había llegado tan lejos que todas las mañanas eran muchos los que esperaban a sus puertas; querían un consejo del sabio, esperaban proponerle un negocio o contarle sus penas.

—Cuando era niño me encantaron —le contó un joven—. Cuando cumpla los treinta, solo podré alimentarme de oro. He ido haciendo acopio de reservas y tengo un sótano lleno de monedas, medallas, copas... ¡cualquier cosa! Sin embargo, como comprenderás, el tiempo se me agota. Lo he calculado y, con la cantidad que he almacenado, solo podría vivir cinco años. ¿Quién quiere morir a los treinta y cinco?

—¿Ya has empezado a comer oro? —le preguntó preocupado el príncipe, sabiendo lo venenoso que podía resultar.

—¡No! El maleficio me obligaba a llevar una vida normal hasta los treinta. Si lo comiera antes, moriría —afirmó rotundo.

Otra tarde, un matrimonio le expuso:

—Nosotros venimos a ver al maestro Doroteo para proponerle un negocio. Tenemos una mina de plomo que heredamos de nuestros abuelos, pero el trabajo es muy duro. Estamos cansados de picar y de descender por las cuevas, así que le queremos proponer que se acerque hasta allí y con su sortilegio lo convierta todo en oro. A cambio, le daremos un par de kilos.

—¿Les parece justo? —exclamó sorprendido Estanislao, sin desvelarles que, al parecer, el maestro seguía buscando la fórmula que obraría la transformación.

—Justísimo. Total, ¿qué cuesta decir unas palabras? Allí está el sudor y la sangre de generaciones de nuestra familia.

Cuando los días empezaron a hacerse más cortos y el invierno asomó sus colmillos, una lluvia intensa fue borrando a todos los pedigüeños, negociantes y suplicantes; solo no consiguió borrar a un príncipe cabezota.

Cubierto con su capa, apoyado contra el muro de la casa de enfrente, Estanislao esperaba y esperaba. Lo que no sabía el joven era que, cada mañana y cada tarde, desde la última ventana del torreón de aquella casa que hasta entonces le había resultado inexpugnable, un hombre lo espiaba.

Cuando se fue la lluvia, llegó el viento; un viento frío y cortante como mil cuchillos. Aun así, el príncipe, absorto en sus pensamientos, no dejó de acudir una sola mañana. Al mediodía desaparecía para ir a comer, pero pronto regresaba hasta que caía el sol. Entonces se retiraba, algo desilusionado aunque no lo suficiente como para no regresar al día siguiente.

Perdió la cuenta de las semanas y entonces fue cuando sucedió el milagro: una mañana de sol, en vez de un joven aprendiz, quien abrió la puerta fue un viejo harapiento y demacrado.

—¿Qué deseáis? —le preguntó de malos modos.

—Ver al alquimista Doroteo.

El viejo, rascándose en la entrepierna como si algo le picara con mucha rabia, le clavó unas pupilas extrañamente blancas. Entonces empezó a toser y escupió.

El príncipe Estanislao se sintió evaluado. Sin duda, aquel ser tan desagradable debía ser el aprendiz más veterano. O quizás un criado, por sus malas maneras.

—¿Por qué osáis entorpecer la misión de un sabio?

—Si no fuera una cuestión de vida o muerte, le prometo que no molestaría a alguien tan importante.

Nunca sabría por qué razón, pero algo tocó el corazón del alquimista.

—Estáis en su presencia y os concede unos minutos. Aprovechadlos como si fueran oro, porque lo son.

El hombre se apartó de la puerta, que dejó abierta como una invitación escueta.

Tan poco se lo esperaba el príncipe Estanislao que dudó unos segundos antes de entrar en el caserón, cerrar la puerta tras de sí y seguir la luz por un pasillo tenebroso.

¿De verdad aquel era el sabio? ¿El gran alquimista Doroteo, dedicado a la búsqueda del conocimiento, un hombre que él había imaginado imponente y no raquítico y sucio, maleducado y desagradable?

Conforme avanzaba por la casa, siguiendo el ruido de los pasos acelerados del alquimista, descubrió que este vivía en condiciones descuidadas. Se cruzó con un par de los aprendices que ya conocía y, cuando trató de saludarlos, estos rehusaron asustados. Un ambiente de silencio, oscuro y pesado ocupaba los pasillos y las escaleras de toda la casa.

Por fin, en el último piso, encontró una puerta abierta y allí, sentado, vio a Doroteo, que parecía retarlo con la mirada. El príncipe Estanislao buscó a su alrededor otra silla, un taburete o un pequeño cojín.

No había nada de todo eso. Estaba claro que allí no se recibían visitas y, en casos extraños como el suyo, se esperaba que fueran breves. Brevísimas.

El joven tragó saliva. Aquel ambiente sombrío le había encogido el corazón.

Atropelladamente empezó a explicar su historia: era hijo del justo y generoso rey Ludovico; por una serie de desgracias, su reino había dejado de ser próspero y él, como único salvador posible, a pesar de llevar una vida dedicada al estudio y la meditación, se había visto obligado a salir a los caminos. Necesitaba conocer qué era la riqueza y la clave para llevar la abundancia a su pueblo, para devolverle el esplendor.

El anciano no apartaba de él una mirada vacía y muda. Aun así, nada parecía importarle lo más mínimo. Solo agitaba la mano nervioso, invitándole a que avanzara. No le impresionaron las penas de su pueblo como tampoco le interesaron sus aventuras ni le sorprendió lo más mínimo el nombre de Rosendo, el hombre generoso que le había facilitado su nombre.

—¿Has acabado ya? —lo interrumpió. Ante el silencio del príncipe, el alquimista añadió—: Y si no, tanto da. Tu historia es como la de cualquier otro. ¿Por qué habría de conmoverme más que la de un loco, un estafador u otro alquimista?

Estanislao iba a protestar, pero aquel siniestro maestro no le dio oportunidad. Tenía urgencia por acabar con aquel intruso.

—Te preguntarás por qué estás aquí hoy —carraspeó—. Un momento de debilidad, seguramente. Te he visto día tras día a la puerta de mi casa. Cada noche, mis aprendices me traen tus recados, llueva o nieve. Todos han ido cediendo. Tú no. Quería ver de qué material está hecho un hombre con tu perseverancia. He visto qué eres capaz de hacer, pero quería saber cómo eres. —El silencio se adueñó de la lúgubre sala—. Y, por lo que me cuentas, veo que eres del mismo material que los demás. Aun así, valoro la paciencia y la constancia, que son dos virtudes necesarias en mi oficio. Solo por eso estás aquí. Sin embargo, no conseguirás de mí nada más.

El príncipe trató de interrumpirlo, pero el anciano golpeó con su pie el suelo impidiéndoselo.

—Tú quieres algo a lo que yo he dedicado toda mi vida y no tienes nada con qué pagarme, porque solo hay algo por lo que vendería semejante secreto: tiempo. Pero ningún humano puede dármelo. Lo demás, como comprenderás, no me interesa. ¿Riqueza? ¡Ja! Si ya casi tengo la fuente... ¿Poder? ¿Mayor que el de producir todo el oro que desee? El oro todo lo compra, el oro a todos compra. No hay más poder.

Doroteo empezó a toser, doblándose sobre sí mismo.

—No hay que ser muy listo para ver que no me queda mucho, de tiempo. He pasado los ciento veinticinco años, más de lo que han vivido la mayoría de los mortales. ¿Qué crees que voy a hacer con la fórmula cuando finalmente la encuentre? Yo... —El anciano calló repentinamente—. Todos venís a mí teniendo muy claro qué ganaréis si os doy la fórmula. Mi pregunta, joven príncipe, es: ¿qué estás dispuesto a perder por ella? Yo he perdido mi vista, mi juventud, mi familia, mi vida...

Estanislao lo miró aterrado, con nuevos ojos. Se había equivocado una vez más al juzgar a aquel hombre. Tres veces se había equivocado: la primera, antes de conocerlo, por creerlo un hombre sabio y ecuánime. La segunda, al esperarlo día tras día, por considerarlo un hombre soberbio, ocupado, centrado en su trabajo. La tercera, cuando le había abierto la puerta, creyendo que en realidad era un hombre enfadado, sucio, rabioso. Pues, ante él se alzaba, simplemente, un hombre derrotado.

—¿Buscas oro? ¿Buscas riqueza? —le espetó como si pudiera leer sus pensamientos—. Pierdes tu tiempo.

Si crees que es un fin, como yo lo he creído por décadas, pierdes lo único que vale la pena. Pierdes lo único que el oro no puede comprar: la vida.

Para su sorpresa, en una última transformación, el anciano se convirtió en un pobre hombre con un consejo para regalarle:

—El oro es una herramienta. El cómo, el modo... ¿Para qué? Eso lo descubrirás tú. Hay quien cree que para comprar todo lo comprable, otros creen que para dominar el mundo o para crear las obras más preciosas de arte, como los palacios y las catedrales... Seguramente tú seas de los que cree que es para ayudar a otros, para hacer el bien.

Se encogió de hombros y, de repente, hizo lo que menos esperaba el príncipe que hiciera: se acercó a su mesa de trabajo, a tientas buscó una pluma y un papel, escribió algo en él y se lo entregó pidiéndole que no lo leyera todavía. Sin salir de su asombro, el príncipe lo guardó en la bolsa de cuero que cargaba en su cinto.

En ese momento, Doroteo llamó a uno de sus criados, le murmuró algo al oído y dio por terminada la conversación.

Ya en la puerta, el criado le dio el mensaje de su amo: le aseguraba que en el Bosque de los Pinos Negros hallaría la respuesta que él andaba buscando.

—¿En mitad de un bosque? Habrá un error...
—musitó Estanislao.

El criado lo encogió los hombros y cerró la puerta
en sus narices; aquello no era su problema, él solo
había cumplido con la orden de su amo.

11

Prejuicios

—¿Qué es esto?

El príncipe Estanislao, que se había quedado dormido a la sombra de un árbol, agotado tras buscar en balde lo que fuera que tenía que encontrar en aquel bosque tenebroso, se levantó de un salto. Nada parecía tener sentido. Él había salido buscando riqueza y, de momento, lo único que tenía eran tres papeles en su saquito de cuero.

—Tres papeles que ni tan solo he leído y ahora una bestia que trata de atacarme —dijo trepando al árbol.

Un perro enorme, con pinta feroz, lo había despertado olisqueándole el cuello y la cara.

—¿Bestia? Yo no veo ninguna bestia.

El príncipe, sentado en una rama y con los pies colgando, miró a su alrededor buscando a quien había hablado.

—¿Quién anda por ahí? —gritó—. Si sois el dueño de esta fiera, ¡agarradla!

—¿Fiera? Yo no veo ninguna fiera.

El perro giró la cabeza a un lado y a otro a la vez que lo hacía el joven, como si también él tratara de ubicar al visitante escondido.

—¡Salid de donde estéis escondido! No seáis cobarde… —exclamó Estanislao a punto de perder los nervios.

—Yo creo que aquí solo estamos tú y yo.

—¿Quién sois? ¿Dónde estáis? ¡No puedo veros!

—Estoy delante de ti —respondió el perro, clavándole su mirada.

Se levantó sobre dos patas y trató de llamar la atención de Estanislao, que miraba mucho más allá.

El perro empezó a ladrar.

El príncipe lo observó con miedo y trató de trepar más arriba.

—¡No te voy a hacer nada! ¿Por quién me tomas?

—¡Por un monstruo que habla!

—¡Al final tendré que ofenderme! Aquí no hay ningún monstruo. Ni fiera ni bestia —bufó—. Soy un perro. Y, sí, ladro. ¿Qué te sorprende? Tú eres un hombre y estás trepando por un árbol, cosa que hacen las ardillas... ¡No sé quién resulta más extraño!

El príncipe siguió sin moverse.

—¿Te he hecho algo? No. ¿Por qué me tienes miedo entonces? No hay que asustarse de aquello que es diferente, solo darle una oportunidad.

El príncipe Estanislao cabeceó. A él le gustaba ser justo y aquel animal tenía algo de razón: no le había hecho nada.

—Aún —murmuró.

—Aún ¿qué? —inquirió el perro.

—Aún no me has hecho nada.

El perro volvió a resoplar. A punto de rendirse, giró sobre sí mismo dispuesto a perderse de nuevo entre los árboles. De golpe pareció recordar algo y se quedó quieto.

—¿No te preguntas quién soy y por qué he venido a buscarte?

—¿Has venido a buscarme? ¿A mí? —preguntó el joven sin dar crédito a lo que oía.

—Sí, a ti. ¿O no eres el príncipe Estanislao, hijo del rey Ludovico?

—Lo soy, en efecto.

—Encantado, ya que no me lo preguntas, te diré que me llamo Renato, soy un tosa inu, nacido en Japón y criado en estos bosques por un gran mago que ya forma parte del universo. Desde que desapareció el maestro, he continuado con su trabajo en la medida de mis escasas posibilidades.

La boca del príncipe Estanislao se abrió, pero de ella no salió un solo sonido.

—Hace unos días, Doroteo, el alquimista, quien trabajó con mi maestro hace mucho tiempo, me mandó una paloma mensajera pidiéndome que saliera a tu encuentro.

—¡Imposible! A Doroteo lo conocí ayer mismo… ¡Te atrapé! Mientes.

Un rayo cruzó las pupilas del aprendiz de mago.

—Yo no miento nunca —respondió a la vez que ladraba con fuerza—. ¿Cuánto tiempo crees que has estado durmiendo en mis bosques?

—Una hora; dos como mucho.

—¡Una semana! Durante todo este tiempo te he estado cuidando para que no te pasara nada. ¿Y así me lo agradeces?

El joven no entendía nada. ¿Una semana? ¿De verdad había dormido una semana entera? Entonces reparó en algo.

—¡Mi caballo!

—No te preocupes, está pastando cerca del río. ¡Bien tenía que comer durante todo este tiempo! —El príncipe aún dudó—. Te prometo que no te haré nada. Baja de una vez para que podamos hablar como seres civilizados.

Estanislao saltó a tierra sin apartar la vista del animal. «¿Como seres civilizados? Lo que me faltaba por oír», pensó.

—¿Por qué Doroteo te envía a mí? —dijo, sin embargo.

—Habla con propiedad, humano: Doroteo te ha enviado a ti a buscarme. ¿O no te dijo su criado que vinieras al corazón de este bosque?

—Sí, pero…

—Pero nada —gruño Renato—. Hay que dejar las cosas claras desde el principio. Aquí el que tiene un problema y anda buscando la solución eres tú. Y por la amistad que me une al alquimista, y en recuerdo de mi amo el mago, te atiendo. ¡Pero no me hagas perder mi tiempo! Soy alguien muy ocupado.

—¿Tu tiempo? —preguntó Estanislao, imaginándose al perro revolcándose en la tierra, persiguiendo palomas, durmiendo al sol…

—¡¿Cómo te atreves?! —ladró enfadado el can.

El príncipe se sorprendió.

—¿Qué he dicho ahora? ¿O qué he hecho?

—Tú hacer haces poco, pero piensas demasiado. Leo tu mente y que sepas que hace muchos años que ya no me revuelco en la tierra. ¡Eso es cosa de cachorros y yo ya tengo más de noventa años!

El príncipe cada vez entendía menos lo que le estaba sucediendo. Quería ir a por su caballo y salir de ese bosque encantado lo antes posible. Si había un perro aprendiz de mago, ¿quién podía asegurarle que no había un oso ladrón o una ardilla cazadora? Tenía que huir antes de que fuera demasiado tarde.

—No te preocupes. Soy único en mi especie —le atajó el perro leyendo su mente de nuevo—. ¡Vamos al grano! ¿Tienes o no tienes un problema?

Estanislao lo miró. Por una fracción de segundo, estuvo tentado de contestar, aunque pronto lo descartó.

—No te ofendas, pero mis problemas son cosa mía.

—Por lo que me han dicho, no. Según el alquimista, andas preguntando por ahí. Llevas miles de kilómetros sobre tu caballo y meses lejos de tu hogar. Has visitado a un emperador, a un hombre aparentemente muy pobre, a comerciantes y campesinos… Y a todos les preguntas por el secreto de la abundancia.

—Ellos son... personas —se disculpó el príncipe.

—¿Y?

—Pues les pregunto porque quizás tengan la respuesta.

—¿Y yo?

—Tú eres un... perro —tartamudeó tratando de saber si esa palabra, «perro», era adecuada o también ofendería a su interlocutor.

—Lo sé y a mucha honra.

—Pues no pido ayuda a un perro, porque no puede dármela. Mis problemas son... ¡de humanos!

El animal lo miró.

—¿Por qué dices eso? ¿No te he demostrado que soy alguien educado e inteligente gracias a mi conversación? Si tienes ese prejuicio, ¿cuántos más tendrás? ¿Te has preguntado cuántas vendas cubren tus ojos y te impiden darte cuenta de quién eres?

El príncipe se encogió de hombros.

—Si no te importa, iré a buscar a mi caballo. Debo proseguir mi viaje.

El perro se quedó atónito.

—¿Vas a despreciar mi ayuda a pesar de que te la ofrezco generosamente?

—Eres un perro, insisto, y seguro que tienes ideas maravillosas, pero creo que lo único que puedes hacer por mí es perseguir los ratones de mi casa o traerme las zapatillas... No te ofendas, adoro la compañía de los animales como tú; sois amigos leales, cariñosos, juguetones, pero mis problemas...

—Pero ¡nada! Rechazas mi ayuda porque crees que soy menos inteligente que tú... Que tú, que no sabes qué es la riqueza ni cómo conseguirla...

—Lo siento de verdad, pero no tengo más tiempo que perder —suspiró el príncipe mientras se preparaba para irse—. Gracias por cuidar de mí y de mi caballo mientras dormía. Estoy seguro de que eres un buen perro guardián.

Renato lanzó un largo aullido. Aquel humano lo había tratado de menos, había herido su orgullo y había despreciado su generosidad. Ya se lo decía su padre, que no se fiara de las personas: «Al menos, de la mayoría. Sus prejuicios son tantos que llegan a ahogar su imaginación y a ensombrecer su inteligencia», aseguraba.

* * *

—Lo que me faltaba —murmuró Estanislao mientras apartaba las ramas de los árboles—. ¡Este Doroteo me va a oír si alguna vez vuelvo a verlo! ¿Tan poco importante le parece mi problema que me envía a ver a un perro? ¡Mi pueblo empieza a pasar hambre! ¡Los campos se secan! ¡La gente está desolada!

Entonces se puso a llorar. Primero de una forma suave, aunque, poco a poco, un torrente de lágrimas arrasó sus mejillas. Ya no le importaba si los ciudadanos del reino de su padre lo reconocían como un héroe, si la muchacha del lago caía rendida a sus pies o si el primer ministro reconocía su error. No quería leer el arrepentimiento en los ojos de su padre porque se había equivocado al juzgarlo ni tampoco quería ver como se asomaba el orgullo por él.

En todo el tiempo que llevaba viajando, al cruzar aldeas y ciudades, granjas y campos, había visto lo que era la prosperidad y a la gente sana y feliz. Árboles frutales rebosantes, fiestas y música, graneros llenos y mercados bien surtidos... Recordaba que su reino había sido así. Sin embargo, por lo poco que había visto al emprender su viaje y por lo que le habían contado los ministros y su padre, ya no se oían risas ni música al pasear. Ahora uno solo podía ver hombres y mujeres apesadumbrados en la puerta de sus casas —preocupados por qué les darían de comer a sus hijos en los meses venideros—, animales cada vez más débiles tratando de arar un campo yermo o niños sin ganas de correr detrás de una pelota porque nada en el ambiente invitaba ya a las risas y los juegos.

—Yo era su última esperanza. Han confiado en mí, esperando que fuera capaz de cambiar nuestra suerte... y he fracasado. No sé ya dónde buscar ni a quién preguntar. Por más kilómetros que cabalgo, por más lejos que vaya, nadie parece tener la respuesta que busco.

Tan triste estaba que no se dio cuenta de que los árboles daban paso a matorrales y que el suelo arenoso se convertía en piedra.

—¡Socorro! —gritó al sentir como perdía pie.

Resbaló por una roca y se golpeó al caer por un precipicio. Por suerte, un saliente le permitió agarrarse y, con mucho esfuerzo, consiguió subirse a él. Apenas había espacio para moverse. El príncipe Estanislao siguió con los ojos su capa, que cayó hasta perderse de vista. Ante él había metros y metros de caída libre; ¡podía haberse matado!

Entonces, volvió despacio la cabeza hacia arriba y, al ver la distancia que lo separaba del suelo firme, sus rodillas temblaron.

—Esto es el fin —murmuró—. Es imposible que pueda subir todo este tramo sin una cuerda, ni un pico ni la ayuda de alguien...

Durante los siguientes minutos, se puso a llorar de nuevo por su mala suerte. ¿Cómo podía morir tan joven? ¡Tantas cosas le habían quedado por hacer!

Sentía un dolor muy fuerte en el costado. Sin duda, con la caída, se habría dado algún golpe. Se tanteó el cuerpo y, aunque tenía algunos rasguños, no parecía haberse roto nada. Preocupado, llevó sus manos al cinto.

—¡Menos mal! —exclamó.

Al caer no había perdido el saquito que su padre le había regalado y en el que guardaba los consejos de las personas que había ido conociendo en el viaje.

«Lo único que he conseguido», pensó. «Ha llegado el momento de abrirlo y leer los papelitos... ¡No habrá otra ocasión!».

Iba a hacerlo cuando unos ladridos le sobresaltaron; los reconoció al instante.

Miró hacia arriba y allí estaba Renato, el tosa inu, con su figura imponente recortada contra el cielo. Nunca habría pensado que se alegraría tanto de ver a alguien... y menos a un perro.

12

Confiar

—Ayúdame, ¡por favor! —gritó, y en el mismo instante que dijo esas palabras recordó lo que había sucedido tan solo unas horas antes.

Cuando el can le había ofrecido su ayuda, él la había rechazado. Y, sin embargo, en ese momento su vida dependía de lo que el animal hiciera por él, así que decidió confiar en el perro con fe ciega; no le quedaba más remedio. O él o el precipicio.

—¡Ve a buscar ayuda, por favor! —gritó.

—Me costaría casi un día llegar al pueblo más cercano —respondió Renato—. Y no estoy seguro de que los humanos que allí viven me hicieran más caso del que tú me has hecho al conocernos.

—Inténtalo —suplicó.

—Me temo que, aun en caso de que lo consiguiera, sería demasiado tarde para ti —le respondió tranquilo—. Pero no te preocupes, no te vamos a dejar aquí tirado.

—¿Vamos? —preguntó sorprendido el joven.

—Tu caballo y yo.

Un relincho confirmó sus palabras.

El príncipe volvió a sentirse feliz. Siempre había procurado que su caballo estuviera bien atendido, cuidado por veterinarios y alimentado por criados. De todos modos, también era cierto que, a diferencia de otros nobles, él no pasaba tiempo con el animal ni lo acariciaba. De hecho, en ese mismo momento se dio cuenta de que ni siquiera le había puesto un nombre; siempre lo llamaba «caballo». Se prometió para sus adentros que, si salía de esa, lo bautizaría inmediatamente.

—En otro momento, os hubiera preguntado cuál es vuestro plan —dijo el príncipe—, pero sé que ahora no estoy en posición de discutir ninguna de las ideas que tengáis. Cualquiera será mejor que el futuro que me espera si no me ayudáis.

Volvió a quedarse solo, pero ahora se sentía confiado: dos amigos se preocupaban por él. Un rato después, que a él se le hizo largo pero que no lo fue, una cuerda cayó a su lado y le golpeó el hombro.

—¿Y esto? ¿De dónde ha salido?

—¿De verdad importa? —respondió el aprendiz de mago—. Si te digo que la acabo de hacer aparecer, ¿te quedarás más tranquilo? ¿O si te digo que la tenía perdida por casa? Elige la respuesta que quieras, pero sujétala.

—¿Tú crees que soportará mi peso? ¿Será seguro?

El perro ladró y el caballo relinchó.

—Confía por una vez. Se va a hacer de noche y eso sí que no nos conviene —dio como toda respuesta el perro—. Nosotros estiraremos.

Dicho y hecho, el príncipe tomó el cabo de la cuerda y se lo ató a la cintura, lo que le pareció más seguro. Ambos animales pusieron todo su empeño y empezaron a estirar.

La ascensión no fue fácil. En un par de ocasiones, el príncipe se golpeó contra las rocas y, una tercera, al perro se le escapó la cuerda. Por suerte, el caballo detuvo la caída.

Poco a poco, los metros se fueron acortando y, finalmente, el príncipe puso sus manos sobre la tierra. Unos segundos después, medio cuerpo, y luego consiguió arrastrarse lo más lejos posible del precipicio, jadeando. Se tumbó mirando al cielo y dio gracias poniendo la mano en el corazón, como había aprendido del hombre más generoso que había conocido nunca. Luego se incorporó y miró a los dos animales que, expectantes, aguardaban.

—Gracias —afirmó—. Gracias, amigos.

Su montura relinchó y se puso sobre las dos patas traseras, al tiempo que agitaba la cabeza para mostrar su alegría. Renato se acercó hasta el príncipe y le golpeó suavemente con el hocico.

—Menudo susto nos has dado, humano.

—¡Imagínate el que me he llevado yo!

Pasados los primeros minutos, el príncipe Estanislao se dirigió al perro y le contó con detalle su problema así como las aventuras que hasta ese momento había vivido. Se lo debía.

—¿Dices que muchos sabios te han dado sus consejos escritos en un papel?

—Sí.

—¿Y dónde están esos papeles?

Estanislao se quitó el cinto y le mostró el saquito de cuero a su nuevo amigo.

—¿Y no los has leído? —El príncipe negó con la cabeza—. ¿Y a qué esperas?

—A volver al palacio y entregárselos a mi padre. Él sabrá qué hacer con estos consejos.

El perro cabeceó.

—Tu padre confía en ti.

—No creo…

—Insisto, tu padre confía en ti y ha sido a ti a quien han entregado sus consejos estos maestros.

—Sí, pero…

—No hay pero que valga. ¡Abre el saco ahora mismo y leamos lo que dicen!

—No creo que sea lo correcto… —se excusó el príncipe.

—¡Estamos en un callejón sin salida! Y mi olfato me dice que en ese saquito podemos encontrar pistas… Y si a uno de mi especie le das pistas que seguir, ¡llega al objetivo! —El joven volvió a dudar—. Tu padre está muy lejos y ha pasado mucho tiempo desde que te fuiste… —carraspeó Renato.

—No sigas —lo cortó Estanislao, que no quería ni imaginar la posibilidad de que el estado de su padre se hubiera agravado.

«O quién sabe si no se habrá muerto» se dijo al recordar lo enfermo que estaba y lo desanimado que lo había dejado al marchar de palacio casi sin despedirse. Era su única familia; debía volver junto a él lo antes posible. El rey Ludovico había sido un buen padre y no merecía morir solo, sin la compañía de nadie de su familia.

—Y para volver, necesitamos salir de este punto muerto —añadió Renato, para quien resultaba facilísimo leer la mente de aquel humano.

Estanislao asintió, abrió el saquito y dejó los tres papeles a la vista de ambos.

—Quizá no entiendas lo que dicen... —empezó a hablar—. No me malinterpretes; lo digo porque, como solo conoces a Doroteo, quizá te será difícil interpretar lo que quieren decir el resto.

El perro, en vez de perder la paciencia, contestó:

—Quizás —ladró alegremente—, pero tú puedes explicármelo.

13

Respuestas

El príncipe no se decidía a leer los papeles y seguía dando vueltas a lo ocurrido en los últimos meses. Renato lo escuchaba con atención y, lejos de impacientarse u ofenderse por las dudas de su nuevo amigo —que todavía se extrañaba de estar hablando con un perro—, lo animaba a continuar. Sabía cuán difícil era para alguien como aquel joven, rico y estudioso, asimilar que un consejo puede llegar del sabio más insospechado y el aprendizaje, a través de la experiencia más extraña. Por suerte, él era un animal con mucha paciencia; tanta que más de una vez se había preguntado si no tendría antepasados tortuga.

—Como te decía, nuestro reino ha perdido toda su prosperidad —suspiró el príncipe—. Llevamos un tiempo de malas cosechas, hay bandidos que impiden a nuestros comerciantes llegar a otras ciudades para vender sus productos…

Estanislao se sintió abatido al recordar la mirada triste de muchos de sus ciudadanos. ¿Cómo podía haberla ignorado por tanto tiempo? Con el paso de los meses, al haber viajado y visitado otros pueblos, había sido consciente de la desesperanza que se había apoderado de sus vecinos últimamente. Ya no se celebraban fiestas en las calles, ni conciertos ni….

—Supongo que la muerte de mi madre y mis hermanos y la enfermedad de mi padre anciano fueron empeorando nuestra situación. ¡El pueblo no tenía a nadie que lo protegiera!

Renato lo miró sin malicia.

—¿Y tú?

—¿Yo? Yo no… —El príncipe calló. Iba a contestar que no tenía experiencia, pero sabía que tampoco sus hermanos la tenían cuando habían asumido sus responsabilidades, pensó avergonzado—. Tenía miedo.

—¿Miedo? ¿A qué?

—A fracasar, a no estar a la altura de lo que se esperaba de mí, a que la gente murmurara y me comparara con mi padre y mis hermanos, al dolor, a morir…

—Durante unos minutos, el príncipe Estanislao siguió hablando y hablando. Por primera vez en mucho tiempo, fue sincero consigo mismo y sintió que una fuerza se liberaba en su interior.

—¿Miedo? ¿Alguien tan valiente como tú, que has cruzado reinos, has vencido las tentaciones de las hadas, has dormido solo en el bosque pasando frío y hambre y has viajado sin saber qué iba a encontrarte?

El joven miró al perro. «Es cierto. He hecho todo eso», se dijo sorprendido.

—¿Qué te movió a emprender el camino?

El príncipe reflexionó durante un buen rato.

—La verdad es que no lo sé —respondió—. Me gustaría decirte que fue el sentido del deber, tal como pretendía el primer ministro de nuestro reino, o el amor a mi padre y a nuestra familia. Pero si te lo dijera no sería del todo cierto.

Entonces le explicó con todo lujo de detalles su encuentro con la bella dama del lago. Por días que pasaban, no conseguía olvidarla y su recuerdo era un acicate para cabalgar y cabalgar.

—En un principio, quería conseguir una solución para poder volver, buscarla y demostrarle que se había equivocado. Pero, poco a poco, ese orgullo malherido fue dando paso a otros sentimientos. Y creo que, de alguna manera, la amo. O más bien creo que podría amarla. Quiero regresar para buscarla, sí, pero para conocerla y que me conozca ahora que por fin yo empiezo a saber quién soy.

Renato sonrió a la manera en que sonríen los perros y con la pata señaló los tres papeles que seguían cerrados ante ellos.

—Léelos, ¡¿a qué esperas?!

—Quería llevarlos a la corte y leerlos con mi padre…

—¿Qué tienes ahora? Nada. ¿Quieres volver con las manos vacías ante tu pueblo? ¿Quieres volver sin una solución, sin una respuesta para su petición?

—Es que…

—Es que nada; quizás hallemos una pista aquí —ladró enfadado Renato—. ¡No entiendo cómo puedes ser tan poco curioso! Pareces tonto a veces… ¿O cobarde?

El príncipe Estanislao no iba a permitir que un perro le hablara en aquel tono y estaba a punto de levantarse airado. ¡¿Qué se había creído aquel animal?! Le había salvado la vida y se lo agradecía, pero no podía insultarlo ni darle órdenes. Él era hijo de un rey, de un gran rey; de un gran rey humano.

—No has aprendido nada —bufó el perro—. ¿Dejarás que tu orgullo te impida de nuevo cumplir tu misión? ¿Sigues creyendo que eres mejor que yo o que tu pueblo, que espera tu ayuda?

A regañadientes, Estanislao aceptó esta vez lo que aquel animal, que podía leer su mente, le decía y agarró el papel que le había dado Maximiliano.

—Hay dos listas: la de los amigos de la abundancia y la de los enemigos —dijo el príncipe despacio—. ¿Las leo?

—¿A ti que te parece?

—«Los amigos de la abundancia son la conciencia (qué hay en tu vida y como eso depende de ti), la alegría (que no se mendiga y se recibe porque se da), la paciencia (sabiendo que hay que vivir el presente sin sufrir por el pasado ni tener miedo del futuro), el agradecimiento y la generosidad».

Renato asintió y completó su pensamiento:

—Hay personas que se vuelven egoístas y no comparten su riqueza, pero pueden ser ricas o pobres, ¡no hay diferencia! Como tampoco la hay con los avaros. Los envidiosos siempre quieren más, pero tampoco tiene que ver con el oro. Quieren más oro, pero también más atención, tiempo, honores… ¡Cualquier cosa que crean que otros tienen!

El príncipe Estanislao asintió y siguió leyendo:

—¡Ahí están los enemigos de la abundancia que salen en la lista! —dijo sorprendido al escuchar al can—. «La avaricia, la envidia, el miedo, el odio y la soberbia».

—La clave para tu búsqueda está dentro de ti, muchacho. —El príncipe Estanislao tuvo que darle la razón. ¡Parecía tan lógico!—. En realidad, solo nos esforzamos de verdad por aquello que nos gusta mucho, que sabemos que es bueno o importante para nosotros...

El príncipe recordó entonces cuántas veces había criticado a sus hermanos por haber partido en busca de riquezas o aventuras, por trabajar por ellas, por buscarlas; las mismas veces que él se había mostrado orgulloso de su actitud austera. Lo malo es que, al renunciar a los bienes, había obligado a todos los que lo rodeaban a renunciar a ellos. Y, poco a poco, ¡hasta a los fundamentales! ¿Qué se escondía detrás de su supuesta superioridad moral? Miedo y falsas creencias que a punto habían estado de hacerle olvidar que él, como todos, había nacido para ser feliz. Vivía inmerso en la abundancia, pero no había sido capaz de verlo.

—Una vez estés convencido de que la riqueza no es buena ni mala en sí misma...

—¡Lo estoy!

—No me interrumpas, por favor —lo corrigió Renato—. Cuando lo estés de verdad, imagínate rico.

—¿Que me imagine rico?

—La visualización es una poderosa arma para generar un cambio en nuestras vidas. Pero no vale hacerlo de cualquier manera: debes poner ilusión, energía, detalles... ¡Se trata de convencer a tu mente de que ese sueño, esa imagen, es real! Y hazlo una, mil, dos mil veces. No te rindas. La llave para esa puerta está en ti.

El príncipe Estanislao sonrió.

—¿Quieres decir que no debo buscar la respuesta en otros?, ¿que no hace falta que vaya al desierto, a la montaña o al Reino de las Hadas para encontrarla?, ¿que no es necesario que pregunte a un hombre poderoso, a uno sabio o a uno generoso?

—O sí —respondió enigmático Renato—. Pregúntatelo a ti, que eres un hombre poderoso, sabio y generoso.

—¡Qué peso me has quitado de encima! Ya no necesito seguir haciendo kilómetros, enfrentándome a enemigos y buscando sin parar hombres que saben menos de lo que esperaba...

Renato negó con la cabeza.

—Amigo Estanislao, un gran sabio griego, Tales de Mileto, dijo que «lo más difícil del mundo es conocerse a uno mismo y lo más fácil, hablar mal de los demás», así que, aunque la verdad está en ti, no menosprecies las enseñanzas recibidas y sigue leyendo.

El príncipe, avergonzado, mostró al perro su segundo papel.

—Este me lo entregó Rosendo, el hombre aparentemente pobre que, sin embargo, se sentía muy rico —le explicó—. Y en cierta manera lo era, claro, pues vivía sin nada y, a pesar de ello, siempre encontraba lo que necesitaba y cuando lo necesitaba.

Renato volvió a sonreír.

—Era un hombre que sabía vivir con poco.

—Sí y, como te contaba antes, sabía compartir. El Universo parecía darle todo lo que pedía, como si supiera...

—Como si supiera que haría el bien con ello, ¿verdad? —El príncipe volvió a asentir: aquel animal no dejaba de sorprenderlo—. ¿Cuál es su consejo?

—«La abundancia y su contraria, la pobreza, están en nuestras creencias, pensamientos y emociones. ¡No están en nuestros bolsillos y armarios! Puedes vivir en la abundancia aunque no tengas nada material».

—Tras leer aquellas palabras, Estanislao sintió que por fin todo empezaba a adquirir sentido.

Renato asintió antes de gruñir:

—¿Te das cuenta de lo importantes que son tus palabras? ¿Cuántas veces te has dicho que no merecías el éxito o que la clave de ser feliz no era la abundancia?

Al príncipe no le costó recordar que muchas veces en su vida se había manifestado así; tantas que le fue imposible contarlas.

—Tus palabras crean pensamientos —insistió Renato—. Son un arma poderosa. ¡Utilízala para bien! Repítete que mereces lo mejor. De esa manera, lo creerás y, si lo crees de verdad, lo sentirás.

—El último consejo me lo dio Doroteo, a quien ya conoces.

Renato asintió.

—¿Y qué pone su papel?

—«No cambies el orden de la vida».

—¿Y cuál es ese orden?

El príncipe sonrió.

—«Ser, hacer y tener». —Ahora fue Estanislao quien, emocionado, aleccionó al perro—: ¡Qué equivocado estaba! Cuando salí de mi reino, pensé que la abundancia era tener. Que debía hacer para tener.

Viajar, conquistar, negociar, comprar, vender... para así tener palacios, joyas, telas, ganado. No había entendido nada. Ahora sé que lo primero es ser. Ser yo con mis dones, consciente de la abundancia que me rodea y de mi derecho a tenerla. Solo desde mi ser puedo hacer con sentido.

En ese momento, el príncipe agradeció al Universo todas las aventuras vividas, todas las personas que había conocido y los paisajes que había recorrido.

—Salí buscando semillas, ganado, piedras preciosas o monedas, pero la riqueza se esconde bajo muchas formas. Tiene la presencia de un amigo, de una enseñanza, de... Soy muy rico, ya era muy rico. He recogido mil experiencias, enseñanzas y cariño; pero sobre todas las cosas, ahora sé que soy fuerte, valiente, decidido e inteligente. Algunos de mis dones se me han revelado en este viaje.

Renato ladró.

—Eres alguien completamente diferente. O simplemente ahora eres tú mismo, por lo que eres infinitamente más rico. Y si eres más rico, ¡construirás un reino más rico! —El perro sonrió—. Ya no eres el mismo, amigo. Te conoces mucho mejor, te has enfrentado a ti mismo y a muchos peligros. Antes de partir no estabas preparado para recuperar la prosperidad de tu reino, pero ahora sí; ahora solo es cuestión de que confíes y te pongas a ello. Regresa a casa y ponte manos a la obra, no pierdas más tiempo.

14

...tiene un final

Al ver de lejos las murallas de su ciudad, el príncipe sintió como su corazón se aceleraba. Aquella mañana, el sol acariciaba los campos, que aparecían casi vacíos, mientras aquel jinete algo andrajoso los cruzaba. Algún granjero aceleró su paso ante aquel desconocido; sus ropajes gastados, su larga melena y su enmarañada barba ofrecían una estampa inquietante. A Estanislao, sin embargo, nada de aquello parecía preocuparle. Solo quería llegar al palacio para abrazar a su padre. Lo había extrañado muchísimo y en aquel instante, ya tan cerca de su presencia, fue realmente consciente de ello. Había añorado a su padre como había añorado a sus vecinos, las calles de su capital y los bosques de su reino.

—¡Hogar dulce hogar! —gritó a pleno pulmón mientras corría hacia el portón de entrada.

Le sorprendió atravesarlo casi sin guardia. Las calles tras los muros estaban aún más vacías que los campos y los portones y ventanas de las casas estaban cerrados; sobre algunos de ellos, había crespones en señal de duelo. El joven sintió como se le empezaba a helar la sangre. ¿Y si…?

—¡Padre! —exclamó al descabalgar frente a la verja de palacio.

El rey Ludovico era un hombre anciano y lo había dejado postrado en su cama. ¿Y si en su ausencia…? No quiso imaginarlo.

—¿Cuánto tiempo he estado fuera? —preguntó al primer paje que acudió a detenerlo.

—Este es el palacio del…

—¡Este es mi palacio! —exclamó mientras lo apartaba de un manotazo.

—¡A mí la guardia! —gritó el paje.

En cuestión de minutos, un grupo de hombres fornidos habían rodeado a un enfadado Estanislao.

—¿No reconocéis a vuestro señor? —preguntó al que parecía comandarlos.

—Reconozco a mi señor y solo a él sirvo —contestó duramente este—. Ante él me inclino mientras en este mundo permanezca.

—Pues inclínate ante mí.

—¿Cómo osáis? Mi señor está en su lecho, enfermo. ¿Quién sois vos?

—Vuestro príncipe, el hijo de vuestro señor. ¿No me reconocéis? Que venga el primer ministro, él dará razón de mí.

—El príncipe Estanislao desapareció, en gloria esté. Hace más de un año fue visto por última vez adentrándose en un bosque y no ha vuelto a saberse nada de él. Estamos en luto en su honor, pues hace apenas unos días se halló su capa en el fondo de un barranco. Creemos que algo le ocurrió mientras regresaba a este reino…

—Soy yo, os digo. ¡La capa se me cayó justo antes de emprender mi viaje de vuelta no hará más de una semana! ¡Insisto en ver al primer ministro! —gritó.

La guardia condujo al príncipe Estanislao al calabozo sin demasiadas contemplaciones. Aun así, ante su insistencia, el jefe de la guardia decidió hablar con el primer ministro. No era el primer alborotador que acudía al palacio buscando una herencia que no le correspondía; sin embargo, en ese joven había algo que le resultaba vagamente familiar.

Leopoldo, ansioso por dar una buena noticia a su anciano rey y amigo, al que esta última pena estaba matando del todo, accedió a visitar al intruso. «Cosas más extrañas se han visto», murmuró mientras se dirigía al calabozo. Su sorpresa fue inmensa al descubrir, tras escuchar el relato del prisionero, que este era quien decía ser.

—¡¿Cómo es posible?! Han pasado casi dos años... No esperábamos... Enviamos emisarios al reino de Maximiliano, pero después os perdimos la pista y creímos que...

—No perdamos tiempo, ¡necesito ver a mi padre, primer ministro! Ya habrá momento para ponernos al día, os lo aseguro.

Cinco minutos más tarde, el príncipe Estanislao y el rey Ludovico se fundían en un gran abrazo. El joven sintió que su padre era apenas un esqueleto. «Huesos y piel», pensó mientras lo estrechaba.

—Más de veinte meses, hijo —le susurró—. Pero, a pesar de que todos me decían que habías fallecido, a pesar de los mensajeros y de las pruebas, yo sabía que seguías vivo.

—¡Si hubiera sabido que había pasado tanto tiempo! —maldijo el príncipe su ausencia y todos los despistes.

—El corazón de un padre no se engaña fácilmente. De todos modos, no quería irme sin comprobar que estabas bien —suspiró— y sin pedirte perdón, hijo.

—¿Perdón? —preguntó Estanislao con los ojos bien abiertos—. Vos, el hombre más bueno y justo que conozco, ¿por qué deberíais disculparos?

—Te obligué a salir en busca de la riqueza sabiendo que tú eras un hombre de estudio, de arte y de silencio… Y solo cuando te ibas me di cuenta de que no estabas preparado y que, si tú también perdías la vida en esta aventura, no me lo perdonaría nunca.

—Padre, yo solo puedo daros las gracias.

—¿Las gracias?

—Sí, por empujarme a emprender este viaje. Me había escondido de mis miedos tras una muralla de libros y excusas. Sin embargo, al ponerme en camino, he superado todos esos muros, me he conocido y he descubierto de lo que soy capaz. Gracias por ver en mí el hombre que yo mismo me negaba a ver. No creía en mí, y vos sí lo hicisteis. Igual que el primer ministro creía que yo era un hombre de honor cuando ni yo mismo lo sabía.

—Pareces otro, hijo.

—Lo soy, padre.

* * *

Las siguientes semanas, una energía desconocida recorrió todos los rincones del palacio: desde la habitación del rey, que empezó a recuperarse a marchas forzadas, a los gabinetes de los diferentes consejeros, que empezaron a trabajar con renovado interés. Se abrió de nuevo el salón principal del reino para acoger la visita de diplomáticos y hombres de negocios que venían de diferentes regiones, y expertos en diferentes ámbitos empezaron a acudir al conocer que se requerían sus servicios.

El príncipe Estanislao iba de despacho a despacho y de recepción a recepción, atendiendo a unos, opinando sobre todo lo que le planteaban y proponiendo ideas, fruto de todo lo que había visto y oído a lo largo de su viaje. Todos lo escuchaban y reconocían su sabiduría. Así fue cómo, poco a poco, se quitó el manto de hijo del rey Ludovico para convertirse en el príncipe heredero y, como tal, era requerido aquí y allá.

Él se escapaba siempre que podía a consultar con su padre cualquier decisión y los dos pasaban las noches discutiendo sobre todo aquello que pudiera ser de interés para su pueblo, que se contagió del mismo dinamismo e ilusión.

Las calles volvieron a ser bulliciosas, los mercados estaban repletos y los comerciantes se esforzaban en ofrecer nuevos y renovados productos. Fiestas, ferias y exposiciones atrajeron a ciudadanos de otros reinos, impresionados por el resurgir del antiguo territorio.

Algunos meses después del regreso de Estanislao, aunque estaban aún lejos del reino esplendoroso que habían sido, una savia nueva recorría todas las calles y caminos haciéndolo florecer poco a poco. El príncipe se dedicaba en cuerpo y alma a ello.

—Hijo, me siento orgulloso de ti —le dijo un atardecer el rey a su hijo—. Eres el mejor heredero que podía tener. Ya puedo morir en paz, porque dejo mi reino y mi pueblo en las mejores manos.

—Esperemos que aún falte mucho para eso —respondió un distraído Estanislao, con la mirada perdida a través de la ventana del despacho de su padre.

—Te has ganado el respeto de nuestros consejeros, de nuestro pueblo y de nuestros vecinos —continuó el rey—. Y poco a poco, los tiempos duros van olvidándose...

—Eso parece —siguió distraído el príncipe.

—Aun así, no te veo contento.

—¡Claro que lo estoy!

—No puedes engañarme, ¿qué te falta? Te gusta tu trabajo, tienes reconocimiento y agradecimiento por él...

El príncipe Estanislao sabía que su padre tenía razón. Una pequeña sombra planeaba sobre él, una sombra de amor. Pero ¿cómo compartirla con su padre? Tenían problemas suficientemente importantes como para hablar de una dama que le había robado el corazón después de que la hubiera visto una sola vez. Pero el joven no contaba con que el rey también había padecido males similares muchos años atrás, y podía reconocer su rastro en la mirada perdida de su hijo.

—Quizás tiene que ver con que te sientes solo...

—Te tengo a ti, tengo buenos amigos, compañeros de estudio y...

—Tú sabes a qué soledad me refiero, hijo. Tal vez necesitas una dama que te acompañe, una con la que formar tu propia familia. Deberías conocer chicas de tu edad... ¡Ya lo tengo! ¡Un baile! Esa es la solución. Así conocí yo a tu madre.

El príncipe dudó si contarle a su padre que no había caso, pues solo una dama podía ser y desconocía su nombre, de dónde venía ni cómo encontrarla. Así las cosas, pensó que sería más fácil darle el gusto de organizar una fiesta... ¡Hacía años que no se organizaba una en el palacio!

* * *

Los días previos a la velada todo fueron carreras: los pajes y las doncellas no daban más de sí, buscando las vajillas y mantelería fina; se contrataron los mejores músicos y se enviaron mensajeros a todos los rincones del reino.

El rey Ludovico pareció rejuvenecer con el plan y, solo por eso, el príncipe Estanislao consideró que ya había valido la pena acceder a su locura. Lo que no descubrió hasta el mismo día del baile fue que iba a valer aún mucho más... Y es que, en el instante en que sus ojos se cruzaron en mitad del salón de baile con los de Constanza, la hija del primer ministro Leopoldo, todo adquirió una luz diferente. ¡Era la dama del lago!

Entonces Estanislao sintió que, ahora sí, ya no podía desear nada más.

Había estado en bosques encantados, viajado en las más duras condiciones, pasado frío e ido más allá de los confines de su reino para descubrir que todo lo que necesitaba su reino era él, su confianza, su esperanza, su generosidad. La abundancia y la felicidad siempre habían estado en él, pero había tenido que viajar a los confines del mundo y de su alma

para encontrarlas, sentirse merecedor de ellas, desear-
las y atraerlas.

Y ahora… ahora ya todo sería posible.